不確かさの精神分析

リアリティ、トラウマ、他者をめぐって

富樫公一 著
Koichi Togashi

誠信書房

さとみ・ともみへ

はじめに

精神分析家として、私たちがしている仕事とは何なのだろうか。私たちは、患者とともに作業をする中で、何を見ているのだろうか。

一九八〇年代から米国精神分析に本格的なパラダイム・シフトが生じ、関係精神分析家や間主観性理論家、現代自己心理学の理論家が中心となって、こうした認識論的問い直しを活発に行うようになった。その問い直しは、今でも続いている。心という目に見えないものを扱う私たちにとって、こうした問い直しは非常に重要で、私たち臨床家は、その仕事に携わる間、永遠にそれを続けなければならない。

それはなぜか――精神分析を学び、臨床に出てしばらくすると、臨床家が語る事例について、気がつくことがある。筆者が自分自身を振り返ってもそうであるし、他のもっと優秀な先生方の話を聞いてもそうである。それは、事例が語られるとき、どんな患者との作業であっても、どこか似たようなストーリーになってしまうことである。自分の臨床についての語りでいえば、似たようなところで苦労し、似たようなクライマックスを迎え、似たような介入をして、似たような結末に達する。自我心理学、対象関係論、クライン派、自己心理学、その他、多数の学派が精神分析にはあるが、同じ学派の臨床家の方々の話を聞いていると、細部は異なるものの、大きな枠組みで見ると、どんな患者も似たような問題を抱え、似たような転移と逆転移が展開され、そして、似たような解釈を通して似たような結末になるように感じられる。

しかし、患者は多種多様であり、患者と分析家との関係は、毎回違うはずである。どの臨床家もそれをよく知っているし、そのつもりで臨床に臨む。新たな患者と出会うときに、「また、同じことをやればよいだけだ」と思って、治療契約をする臨床家はいない。臨床家はいつも、今度はどんなケースなのだろうと、目新しさを感じながら仕事を始める。患者と語らっている間もまた、臨床家はその患者ならではの問題に注目している。それでもなお、数か月、数年ののち、臨床家が患者とのやり取りを事例報告にまとめたり、論文にしてみたりすると、どうしても似たようなストーリーになってしまう。

私たちは、私たちが見たいようにしか、患者や、自分と患者との作業を見ていないのかもしれない。あるいは私たちは、自分が好む理論書や、自分のスーパーヴァイザーが求めるようにしか、臨床の場を見ていないのかもしれない。もしかしたら、それは、筆者だけの問題かもしれない。優秀な先生方はそうではないかもしれない。それでも、この感覚は拭い去れない真実さを持って筆者に迫ってくる。確かに、私たちが見ている世界は、私たち個人が持つ特有のものの見方に彩られているか、あるいは、私たちが好んでいる理論や学派特有のものの見方に彩られているということは、臨床家が逃れられない現象としてすでによく知られてもいる（Atwood & Stolorow, 1979）。

これは、精神分析が持っている宿命なのではないだろうか。臨床家は、自分が持っている認知的枠組みを大きく超えてものを見ることはできないのではないか。ある理論を身につければ、その理論が照らしだす形のまま、とてもクリアにものが見えてしまうのではないか。これは、精神分析というよりも、心の問題を扱う専門的思考がもつ宿命かもしれない。私たちは、自分たちの主観を通してしか、患者の主観を捉えることができないからである（Kohut, 1959）。

では、それを臨床的に乗り越えるためにはどのようにしたらよいのだろうか。現代自己心理学の理論家たちは、こうした問いに挑戦してきた。まず彼らが行ったのは、逆説的ではあるが、そうした宿命は、そもそも乗り越えられないものであることを知ることだった。彼らは、主に一九八〇年代において、そのことを分析家に認識させるため、フロイトから始まる精神分析の各理論を幾度となく検証した。そして、彼らが次にしたことは、その認識を踏まえたうえで、少しでも臨床的現象を広く感じさせることができる感性の理論を創り出すことだった。その流れは今、二つになっている。

その一つの流れは、「現代自己心理学のシステム理論」と呼ばれるもので、精神分析臨床の場は、その患者とその分析家のその瞬間のその関係性の文脈において展開するもので、それもさまざまな要素が非線形に影響を与え合いながら進むシステムであることをモデル化したものである。それぞれが独自に発展してきたいくつかの理論を併せて、その総称をそう呼ぶ。これを筆者が同僚とともにまとめた書籍が、『ポスト・コフートの精神分析システム理論』（誠信書房）である。

もう一つの流れは、患者や分析家を一つの役割（問題を持つ者・治療する者）として対象化し画一的に見るのではなく、人としてそこに存在するままにとらえようとする考え方である。これは近年まとめて、「人間であることの心理学」（Togashi & Kottler, 2015）や「精神分析の倫理的転回」（Orange, 2014）と、呼ばれるようになってきている。本書は、この流れの一つに位置づけられる。

ここまで読んだ読者は気づかれることだろう。本書は精神分析についての問い直しをテーマにしているが、ここで論じられることは精神分析だけの問題ではない。これは、心理臨床にかかわるあらゆるモデルに関係するものである。その意味では、精神分析以外を専門とする方でも、臨床に携わる方であれば誰にでも一読いただきたいと願っている。本書をきっかけに、心理臨床や心の問題を取り扱う科学や技法の未来についてともに議論できるならば、それほど素晴らしいことはない。

本書は三部構成で、全十二章からなっている。第Ⅰ部（第1章から第4章）「精神分析臨床とその未来」は、精神分析理論や技法の再検証である。特にここでは、精神分析技法の歴史や考え方、その変遷、精神分析の価値体系などについて検証する。

第1章「精神分析の未来」では、精神分析理論が時代の文化や価値観の影響を受けていることを検証し、現代の精神分析臨床の特徴を不確かさという次元から考察する。第2章「精神分析のパラダイム・シフト」では、精神分析臨床において分析家が注目するポイントを検証し、時代とともに生じたその変化について考察する。具体的には、無意識的深層から非意識的相互交流へ、発達的問題から現在の問題へ、白紙としての分析家から自発的で正直な分析家へ、といった臨床作業の価値観の変化を論じる。第3章「意味了解の共同作業」では、間主観性理論について検証し、精神分析臨床をプロセスから理解する視点と、現象学的文脈主義から理解する視点を提示する。そして、治療者がそのような視点を持つと、なぜ二分法に陥ることが減るのかについて論じる。第4章「夢と意味了解の共同作業」では、治療者が夢をどの程度確かなもの、実際の機能を持ったものととらえる必要があるのかについて議論する。

第Ⅱ部（第5章から第8章）「リアリティをとらえる精神分析理論」は、現代自己心理学やその近接理論を中心に、世の中にある動かしがたいこと、――つまりどうしようもないこと――を、そのままとらえようとするいくつかの理論を紹介する。

第5章「『悲劇の人』の心理学――コフートの自己愛理論」では、人が自分の存在や価値をはっきりと体験するには自分を見てくれる他者が必要だが、その他者は操作不可能な存在であるということに、人間の本質的苦悩を見たコフートの自己愛理論を紹介する。まさにそれこそが、精神分析が世の中のどうしようもなさに正面から向き合うきっかけを作った理論だと考えるからである。第6章「サティと愛の理論」は、日本ではほとんど知られていないスコットランドの精神分析家イアン・サティの対象関係論について紹介し、彼がいかに従来の精神分析理論にとらわれることなく、治療行為に含まれる不確かさに挑戦してきたのかを紹介する。第7章「意識の二重性——ミアーズの発達理論」は、オーストラリアの精神分析家ミアーズのメタファーの理論を紹介し、臨床家が自らを不確かで曖昧な状態に置きながら仕事をしていく重要性について述べる。第8章の「動機づけシステム理論」では、改訂されたリヒテンバーグ・ラックマン・フォサーギの動機づけ理論を紹介する。そこに描かれる動機づけの体系は、不確かな作業を強いられる精神分析のプロセスを、できる限りありのまま記述することを試みたものである。

第Ⅲ部（第9章から第12章）「トラウマ：世の中のどうしようもないことと人間的苦悩」では、患者や分析家が操作不可能な現実や他者性に向き合う苦悩を、どのようにしたら直接扱うことができるのかを記述する。第9章「人間であることの心理学」では、コフートの生涯と理論の変遷を検証し、「自己の心理学」を確立したのちの彼の理論が、「人間であることの心理学」へと向かっていたことを明らかにする。その流れこそが、生きることの苦悩を精神分析的に扱おうとする流れの源泉になっているからである。第10章「他者の精神分析」では、「対象」を扱うことが中心だった精神分析の中で、他者と向き合う苦悩を対象の問題に還元することなく扱う方法について考察する。第11章「精神分析家の顔」は、人間の苦悩は、自分とかかわる他者の表情に具体化されることを明らかにし、それを精神分析的に扱うプロセスについて検証する。第12章「リアリティ、操作不可能性、トラウマ」では、できるだけ二分法に陥らず現実の苦悩を扱うことの重要性を考察する。その中で筆者は、「エナクトメント」や「抵抗」で片づけられがちな、治療者と患者の正直な関係や患者の社会的活動を扱う臨床的意義について検証し、どうしようもないことにまつわる苦悩を扱う方法を記述する。

本書の多くの章は、筆者がいくつかの場所で発表してきたものである。第1章は二〇一四年の国際基督教大学心理教育臨床セミナーで発表したものを加筆修正したものである。第2章と第5章は、『現代のエスプリ』(五一六号・三七―五〇ページ・二〇一〇年、および五二二号・一一一―一二三ページ・二〇一一年)に掲載されたものを加筆修正したものである。第3章は、二〇一四年日本精神分析的自己心理学協会公開セミナーで口頭発表されたもの、第9章は、二〇一四年大阪精神分析セミナーで、口頭発表されたものである。第4章と第8章、第12章は、それぞれ二〇一四年と二〇一三年、二〇一五年の小寺精神分析記念財団教育研修セミナーで口頭発表された原稿、第6章と第7章は、日本精神分析学会の教育研修セミナーでそれぞれ二〇一一年と二〇一二年に口頭発表された原稿を加筆修正したものである。第10章は本書のために書き下ろした。第11章は、「二〇一二年臺灣自體心理學研討會」で口頭発表したもので、『精神分析講台自體心理學等(之十一)』に英文で出版されたものである。

こうした原稿は、尊敬する多くの同僚との議論や対話があって初めてでき上がったものである。それぞれの機会を与えてくれた日本、台湾、米国の同僚や友人たちに、この場を借りて深く感謝したい。そしてまた、こうした形で出版することを許可してくれた私の患者や被分析者の方々に、御礼を伝えたい。臨床の場で会う彼らとの時間が、筆者にとって最も真剣で正直なもので、そこで情緒的交流を交わす彼らは格別な存在である。最後に、それをまとめて出版する機会を与えてくれた誠信書房の児島雅弘氏には、名前を挙げて感謝の意を表したい。

目　次

序章
操作不可能性・他者性の精神分析

筆者が本書で探究するのは、世の中の「操作不可能性」や「予測不可能性」、「他者性」を精神分析的に扱うことの臨床的意味である。この問題は、これまでの精神分析において必ずしも十分に扱われてこなかった。繊細な理解を必要とするこの問題は、精神分析の中核的価値観を脅かす要素を含んでいたからである。

「操作不可能性」は、「リアリティ」や「現実性」と呼ばれるものの中核的要素の一つである。世の中には、人がどんなに願っても、どうしようもない事実や状況がある。代表例は、人が死ぬことである。それは、誰にもどうしようもない。年齢もそうである。子どもが一〇歳ならば一〇歳で、親が願ってもそれを変えることはできない。性同一性障害（ＧＩＤ）の人が望まない性別で生まれてきたということも、本人にはどうしようもない。性転換はできるかもしれないが、そう生まれたという事実はどうしようもない。人は、そのような特徴を持つ世の中で生き、人とかかわり、喜び、苦悩する。

「予測不可能性」は、世の中の出来事には、人間の知識や予測を超えた動きが含まれていることを意味している。大切なデートの日に限って、雨が降り、車に泥水をはねられて大切な服が汚される。その日、その瞬間にその道を歩けば、泥水をかけられるかもしれないということを、誰もあらかじめ教えてはくれない。大きな津波があったその日、二時間前に偶然街を離れたので自分は助かったが、年老いた両親が亡くなった。自分がその瞬間にいれば、両親は助かったかもしれないが、その日、その瞬間に、そのように津波があるということを、誰も教えてくれない。もろちん、雨の日に道を歩けば車が水を跳ねることがあるということや、その場所では何百年周期に津波があるらしいということなど、大きな単位では、出来事を予想することはできる。しかし、その日その瞬間にそのような形で自分がそれに遭遇するということを、人はあらかじめ知ることができない。そもそも、人はあらかじめ告げられることもなく、承認を求められることもなく、この世に産み落とされる（Loewald, 2000; Togashi, 2015）。人は世の中の出来事を完全に予測することはできない。人は日々、そうした出来事に予告なく曝されながら生きるしかない。

「他者性」は、自分がかかわる相手には本人以外に動かしようがない主体的な心があることを意味する。相手には自由意志がある。あなたが心の中に描く恋人は二四時間自分を一番に考えてくれるかもしれないが、他者としてそこに存在する恋人はそうとは限らない。彼は、あなたに深い愛情を持っていたとしても、状況次第では仕事を優先するかもしれない。あなたは、彼と時間の使い方について交渉したり、折り合いをつけたりすることはできるが、彼の意思そのものをあなたが無理やり動かすことはできない。それは、自分が恋している相手が自分に恋するかどうかは、誰にもわからないのと同じである。

これは、精神分析が考えるべき重要なテーマである。患者たちは、多かれ少なかれ、操作不可能性や予測不可能性、他者性に直面し、苦悩しているからである。夫を交通事故で失った妻は、心の中の夫に対して「なぜ自分をおいていったの」と怒りをぶつけ、やがて気持ちを収めつつ、「夫は自分を一人にすることで、自分が成長する機会を与えてくれた」と意味づけることはできる。それでもなお、夫に先立たれたという事実は変わらない。彼女は、その事実に折り合いをつけて生きていかなければならない。

一般の読者は、「精神分析は、そんな当たり前のことも十分に扱ってこなかったのか」と、驚くかもしれない。

もちろん、精神分析がそれを扱ってこなかったわけではない。むしろ精神分析は、それを積極的に扱ってきたとも言える。しかし、精神分析がそれを扱うために発展させた方法は、間接的な手段だった。精神分析は、操作不可能性に苦悩する個人がそれを乗り越えるためには、個人の心の中の世界観を変容させればよいと考えた。外にある操作不可能な現実を心の中の表象としての現実に置き換えれば、操作可能なものとなって扱うことができると考えたからである。精神分析はこれをあまりにも巧みに発展させたため、操作不可能性を直接扱う方法については、十分に議論してこなかったのである。

本書を理解するうえで気にしておきたいのは、従来の精神分析に広く見られる二分法である。具体的にはそれは、「他者」と「対象」、「外的現実」と「内的現実」の区別である。これは一般に、心の「外側」と「内側」に対応するとされている。精神分析は、自らが扱うものはそのうちの心の「内側」のもの、つまり「対象」や「内的現実」の方だとした。

精神分析の考え方では、「外側」で体験されたり観察されたりした他人や出来事は、それを認知した人の中で、対象や内的現実としてオーガナイズされる。患者が語る「お父さん」は対象としての父親であって、他者として実在する父親に強く影響を受けているものの、そのまま同じというわけではない。「お父さんは怖い」というのは、対象としての「お父さん」のあり様であり、他者としてそこにある父親がそうであるのかどうかはわからない。他者としての父親は、子どもが怖く感じるかどうかとは必ずしも関係しない文脈で、主体的に行動する。そのときの行動は、怖くはないかもしれないし、怖いかもしれない。同様に、「この地域は汚い」という患者の内的現実は、その地域の状況を多くの面で反映しているだろうが、必ずしもそれと同じではない。それは、その個人がおかれた立場や環境の文脈の中でオーガナイズされた現実で、最近そこに住みついたホームレスの人にとってその地域は、きれいだと分類されているかもしれない。

二分法をもとに構築された従来の精神分析の技法的基盤は、他者や外的現実による体験を、どのようにして対象や内的現実の問題に置き換えて扱うのかというところにある。患者が「治療者は自分のことを見ていない」と訴えるとき、治療者は、それが他者としての治療者の問題だとか、外的現実としての真実だととらえたりはしないように訓練されている。治療者は、「あなたには、これまでにもそのように自分を見てくれなかった人がいるのではないだろうか」と患者の内的対象を探索する。患者が「自分が遅刻したら治療者が怒った」と言えば、治療者は「治療者がどのような人に見えたのか」と内的現実を尋ねるだろう。患者が「先生は、なぜ自分をおいて退職してしまうのですか」と不満を述べれば、「私が退職することを聞いて、あなたはこれまで自分を見捨ててきた人と私を重ねているのでしょう」と解釈するわけである。治療者は「あなたの中にある私のイメージがどうであれ、私は自分の人生を生きています。だから、結婚して夫についていくのです。問題はあなたが、そういう私と、これからどうやって残りの時間を過ごしていくかです」と、問いかけるようには教育されていないのである。

もちろん、このような手続きがすべて悪いわけではない。人の社会生活上の問題が、主観的世界にあるさまざまなパターン（認知的枠組み）によって生じるというのは、精神分析だけでなく、心理学や精神医学の基本的な考え方である。「世界観（Weltanschauung）」（Freud, 1933）や「対象世界」（Jacobson, 1964）といった概念はその代表である。精神分析家や心理療法家は、このような概念を用いて、患者の主観的世界に何があるのかを探索し、それを解明したり、変化させたりしようとする。

注意しなければならないのは、治療者自身が世の中の操作不可能性や他者性のどうしようもなさに耐えられないときに、二分法を頼りにしてしまうことである。たとえば、治療者が結婚して職場を去らざるを得ないのは、治療者にも患者にもどうしようもないことである。もちろん、治療者は職場を去るかどうかについて選択する主体性を持っているだろうが、結婚相手との話し合いの中で、さまざまな条件を考慮してそのように決めたのであれば、それが患者にとって望ましいことであっても、望ましいことでなくても、もうどうしようもないことである。さらに言えば、一か月前に治療を無事終結した患者にはその影響はなかったが、人との別れをことのほか嫌がる患者がこの時期に治療関係にあって大きな影響を受けるという偶然も、どうしようもないことである。治療者の主体性が動かせないことや、二人がそのようなめぐりあわせにいることの操作不可能性に耐えられない患者は、治療者に「永遠にそばにいてほしい」と懇願するかもしれないが、同じくその操作不可能性に耐えられない治療者は、「それだけ私にしがみつこうと思うのは私がどんな人間に見えているからでしょう」と内的現実の問題としてそれを分析するかもしれない。そこで患者が、「いや、それは私があなたをどう見ているかではなくて、あなたがちゃんとここにいてくれるかどうかの問題でしょう」と語気を荒げても、それは患者の中にある分離への不安に基づく対象への怒りと理解され、その状況で治療者に怒るのは、患者が分離の恐怖に再び曝されたからだと解釈される。そうなると、治療者と患者がどうしようもない偶然の中で生きていることの意味と苦悩は、直接的には扱われなくなってしまう。

二分法はわかりやすい。それは、不確かな世の中に確かな道を作ってくれるように感じられる。世の中にはどうしようもないことがあるのだという認識は、生活すること、生きること、かかわることの確かさを奪う。そこで人は、確かさを取り戻すために、しばしば二分法を用いる。重要事項を話し合っている会議では、隣の同僚は敵か味方かに分類される。分析家も患者も、どうしようもないことに直面すると、二分法にすがりたくなる。どうしようもないことをどうしようもないままにしておけないからである。しかし、外的現実と内的現実に二分し、治療者が職場を離れることを患者の内的問題に還元して終わらせてしまうと、二人の間に流れているどうしようもなさの感覚はそのままにされる。本書はこういった考え方のもと、精神分析的理論や技法をもう一度整理し、精神分析家が、操作不可能性や予測不可能性、他者性を直接扱うことの意味について考察するものである。

第Ⅰ部

精神分析臨床とその未来

第1章
精神分析の未来——不確かさの中で生きること

「精神分析の未来」は、ハインツ・コフートの論文のタイトルでもある（Kohut, 1975）。一九七三年六月二日にシカゴで行われた「精神分析と歴史」と題するシンポジウム後の晩さん会で発表されたその論文には、当時コフートが精神分析に抱いていた期待と、社会的価値観の変化に関する理解が述べられている。一九七一年に『自己の分析』を出版した直後にリンパ腫と診断されたコフートは、フロイト信奉者や自我心理学主流派の顔色を気にすることをやめ、独自の精神分析理論を展開する方向へと大きく舵を切り始めていた。この論文は、そうした彼の立場を明確に宣言したものでもある。

コフートは、亡命後初めてウィーンに戻ったときの個人的な体験と、大戦中に英国へ亡命する直前のフロイトと交わした一瞬のやりとりについて述べるところからこの論文を始めている。彼はそれらの体験をメタファーとして使いながら、フロイト時代の価値観が今や大きく変化し、対人関係も大きく変わったこと、そして、新しい時代の人たちは古き時代の価値観を継承しつつ、その再革新を行うという課題をこなさなければならないと論じている。彼によれば、当時は精神分析の大きな変革期である。丁度、フロイトから直接的な影響を受けた人たちが次第に亡くなり、次の世代が精神分析の世界を動かし始めた時代だったからである。コフートはこう述べる。

私が述べているのは、フロイトの言葉をそのまま受け継いで活動している人たちにとっては、古いイメージのまま具体的に生き続けているフロイトが、二度目に死ぬときのことである。つまり、フロイトが本当に死ぬときのことである。それは、精神分析家のコミュニティが、自分たちが受け継いだのは、同一化や目標、抑制ではなく、開かれた扉という遺産なのだということを認識し、自分たちは最初の探索者が少し踏み入っただけの広大な未開拓領域に入って行かなければならないのだ、と理解したとき、そこに何が起こるのか、という問いである。（Kohut, 1975, p. 328）

コフートは、精神分析の価値観の変化について、フロイトの時代には「真実」（Freud, 1915b）の発見による確定的な世界の探索が重要だったが、自分たちの時代は、理念の希薄な世界における理想化の追求が重要となってきていると述べている。前者は構造化された自我を通して得られる無意識の合理的理解が第一の世界で、後者は安定した大きなもののもとでの自己の拡大が第一の世界である。コフートはそこに「対人関係の変化」というテーマを加え、フロイトの時代に必要とされたのは多くの家族構成員に囲まれた濃厚な対人関係の中での心の中の葛藤の分析で、自分たちの時代で必要とされるようになったのは、関係の希薄な社会で自己を保つための誇大的な空想や理想化の調整の分析だと述べている。

価値観と対人関係を概観したコフートは、精神分析の未来もまた「真実」の発見による確定的な世界の探索から、不確定な世界における理想化の追求へ移ると主張する。コフートはこう述べる。

［フロイトの］理想の全体的な統合によって、新しい時代の分析家は、人間科学のすべての部分において、価値観のヒエラルキーの変化の先導者になることができる。それは、真実‐現実の倫理観から共感の理想化へ、明確さと妥協のない合理性の尊重から科学的に統制された自己の拡大の尊重へという、強調点の移動を通してなされるものであ

る。（Kohut, 1975, p. 334）

コフートは、精神分析の未来について、極端な楽観主義も悲観主義も取らない。彼は、次の世代が新たな価値観を持ち込み、再革新させていく余地がそこに残されている限り、精神分析は可能性を持ち続けられると信じた。彼は、エディプス・コンプレックスの概念に代表されるように、精神分析の可能性は、その理論の中に、次の世代が直面し葛藤する価値観に対応することの意味を理解する考え方を含むことだと強調した。

一九七三年のコフートの思索を通して、二〇一五年に生きる私たちにとっての価値観、対人関係状況から精神分析の未来を考えてみるとどうなるだろうか。筆者は、私たちの時代の基本的な特徴に、「価値観の不確かさ」を考えている。それは、関係論が主張する精神分析の不可知性（Hoffman, 1998; Harris, 2009）のテーマともつながるもので、筆者を含め、最近の自己心理学者の何人かは、そのテーマをいくつかの角度から探求し、それが分析家-患者関係の基本的な価値観・倫理観に深く関与するものであると主張している（Stolorow, 2007; Brothers, 2008; Togashi, 2014c）。

「価値観の不確かさ」は、コフートが述べる「理念の希薄な世界」とは異なる。その記述を見る限り彼は、現代の私たちが議論しているほど世界を不確定なものとは見ていなかったようだからである。実際、「希薄」と述べられる限りにおいてそれは、一定のあり様を示している。今ここで筆者が述べているのは、理念があるといえばあり、ないといえばなく、対人関係が濃厚かといえば濃厚で、希薄かといえば希薄な、極めて安定性を欠いた状況である。それは、そうしたあり様が体験と取り方によっていかようにも変化し得るもので、その変化さえも操作不可能で予測不可能な世界である（Coburn, 2007a, 2007b; 富樫 2011, 2013a; Togashi, 2014c）。何がきっかけになってメディアに攻撃されるかわからず、昨日加害者だと断じられ攻撃されていた人が、明日には犠牲者として祭り上げられることもある。地震は予知された場所とは異なる場所で起こり、人々が予知は不可能だと思っていると、実は別のところですでに予知されていたという情報が流れる。インターネットの普及によって多くの情報が飛び交い、かえってさまざまな現象が操作不可能性と予測不可能性の中に拡散していることは、現代の私たちの多くが体験しているところだろう。

コフートは、個人の精神病理を作り出すものとして、周りに他者がいない世界を描いたが、筆者がここで描いているのは、周りに人はいるかもしれないし、いないかもしれないし、人がいたとしても、その人が自己感を高めることに貢献しているかもしれないし、貢献していないかもしれないという、どちらなのかわからない世界である。インターネットだけでのヴァーチャルな対人関係は、そこに人がいると言えばいて、いないと言えばいない。そこで現れた他者が自分の価値を確認してくれたようにも感じられるが、その他者は何をもって私の価値を確認してくれたのかわからず、またその人がそこにいたのかもわからない。

精神分析もまた同じである。多くの精神分析家は、自分たちがよって立つ理論の確かさと明確さを信じている。しかし、それは必ずしも真実ではない。精神分析が現代の価値観の不確かさを共有するならば、精神分析家は自分たちがその仕事自体に含まれる操作不可能性、予測不可能性の中で仕事をしていることにすぐに気が付くだろう。価値観の不確かさ、対人間関係状況の変化という視点から、これからの精神分析をとらえようとすると何が見えてくるだろうか。

1　価値観の不確かさ

コフートは精神分析にさまざまな貢献をしているが、筆者が注目する貢献の一つは、彼が「何もないこと」への苦悩を挙げたことである。コフートは、亡くなる八か月くらい前から数回に分けてストロジャーからインタビューを受けている（Kohut, 1981）。その中で彼は、精神分析の伝統的な倫理体系は、人間の根源的苦悩を取り違えてきたと主張している。彼は、フロイト以来の精神分析の伝統的な倫理体系が描く苦悩は、訓化されなければ野獣のように統制不能になる欲望を文明化させようとする所に生じる、といったものだが、それは、極めて閉鎖的なものであると批判する。彼にとって、人間が最も苦悩するのは、自分の周りに何もなくなってしまうこと、完全に孤独になってしまうことだと述べる。それを恐れるがゆえに、人はもがき続けるのである。彼はこう述べる。

最悪の事態とは、「自己心理学の進歩」の最後の考察で簡潔に述べたことですが、圧倒的な非人間的環境にいることが明らかになることです。宇宙に打ち出されて完全に孤独であるというのが私たちの時代のひどい恐怖なのです。精神病者の夢に現れた見事な象徴です。それは地球の重力圏から抜け出て永遠に一人きりになるというものです。敵意ある共感の環境の方が、まったく関係の持てない環境よりもはるかによいものです。（Kohut, 1981, 1, 29. 邦訳 p. 243）

これが意味しているのは何だろうか。コフートがここでやろうとしたことは、精神分析家の考え方の転換である。精神分析は従来、患者を取り巻く「何か悪いもの」を探索してきた。自我の機能不全にしても、悪い対象表象、自尊感情の低下にしても、いずれも患者の心の中にある何か悪いものや、それをそのようにオーガナイズさせた悪い環境を追求するための概念である。しかしコフートは、患者が最も恐れるのは「何もないこと」なのではないかと問う。そうなると、症状や行動化、抵抗など、それまで病的とされてきた患者の言動は、「何か悪いもの」から生じた病理ではなく、「何もないこと」を恐れるがゆえに、確実なものを探そうとする懸命な努力の表れだと理解することができる。

コフートのこの考え方は、その後の自己心理学者たちによって、「不確かさ」への苦悩として描かれるようになる（Stolorow, 2007; Brothers, 2008; Togashi, 2014c, 2015）。それは、私たち人間がそもそも、世界を不確かにしか体験できない環境を生きていて、客観的に信じられる何かをそこに見出せるわけではないことについての苦悩である。健康な人はその不確かさをほどほどに認めつつ、確かだと感じられるものを他者との間に意味づけながら生きている（Orange, Atwood, & Stolorow, 1997; Janoff-Bulman, 1992; Togashi, 2014b, 2014c, 2015）。ジェノサイドや核兵器の使用、無差別通り魔殺人を考えれば、対人関係が安全である保障はない。しかし私たちは、後ろに座っている人は自分を背後から刺さないという確かさを感じようとする。津波や地震が数万人の命を奪ったことは、自然の中で生きる人間生活の安全性に確実なものはないことを示している。しかし普段私たちは、人間の生活は基本的に穏やかなものだという確かさを信じようとする。

そうした視座からみると、精神分析作業の目標が変わる。精神分析家は、不確かな世界の中で、患者がある程度の確かさを感じながら、不確かさに圧倒されない状態をいかに作れるのかを目標とする必要がでてくる。ストロロウ（Stolorow, 2007）が述べるように、確かさの感覚を生み出す土壌が間主観的領域にあるとすると、精神分析とは、両者がその領域において自分たちの関係性の確かさを納得していく（make sense together）作業だとも言いかえられるだろう（Orange, Atwood, & Stolorow, 1997）。筆者の言葉でいえば、精神分析作業は、偶然と必然の中間の可能性に展開する関係の変容を求めるもの（Togashi, 2014a）、あるいは、事後的なインフォームド・コンセントを行うものである（Togashi, 2015）。

不確かさは精神分析そのものにも当てはまる。私たちが信奉する理論は、信じるに足る確かな枠組みだということになっているが、実際には、それでは太刀打ちができない患者はいくらでもいる。精神病理は、そのもとになる明確な構造や組織から生じると仮定されているが（Kohut, 1977; Kernberg, 1975），そのような構造体はないかもしれない。多くの分析家が，精神病理の安定性に疑問を唱え，精神病理は文脈に依存して変わることを明らかにしている（Mitchell, 1988; Kohut, 1971, 1980; Stolorow, Brandchaft, & Atwood, 1987; Togashi & Kottler, 2012a）。転移や反復強迫，抵抗，解釈といった精神分析的な概念もまた同様で，精神分析的二者関係や行為は，その場その時の文脈で共作成されるもので（Bacal, 2006; Bacal & Carlton, 2010），必ずしも患者の心の中といった特定の場所に病因を還元できるわけではない。精神分析臨床を行う私たちは，「このようにすれば治る」という考え方を信じながら仕事をしているが，精神分析状況は偶然の要素さえ含む（Togashi, 2014a, 2014b）。転移の展開や解釈が患者を治すことになっているが，実際のところ，患者が良くなっているのは偶然かもしれないのである。

精神分析家は，不確かさの中で仕事をしている。何が精神分析なのか，何を治しているのか，何が治すのか，どこで治すのか，どのように治すのかを，私たちは本当のところはよくわかっていないのかもしれない。私たちはその不可知性，操作不可能性の中で臨床を続ける不確かさを生き抜かなければならない。精神分析は，学派によらず，患者が表現する怒りや悲しみの中を治療者が生き抜くことの重要性を強調してきたが，筆者がここで述べているのは，精神分析家は，不確かさに耐えられない患者とともに，その人生の不確かさをともに生き抜くことの必要性である。

2　不確かさを避ける治療者

治療者と患者の確かさへのニードは，どのように生じるのだろうか。短い臨床例で見てみよう。

聡明で文化的に洗練された三十代の女性祥子[1]（仮名）は、一〇年間の結婚生活の苦悩を主訴に筆者のもとを訪れた。彼女の夫は医師で給料もよく、彼女は彼から十分な生活費を受け取っていた。夫は毎晩夕食時に軽く酒をたしなむが、適度なもので、それによって問題行動を示すわけではなかった。祥子は夫の言動について「非常にビジネスライクで、愛情を感じられない」と表現したが、具体的に何がどのように問題なのか述べることはなかった。彼女は、自分の結婚生活はひどいものだったと述べるが、彼女が夫のもとを出ていくまで、彼女自身でもなぜ自分がそういった気持ちになるのか、何が彼女を不快にさせるのかも特定できなかった。彼女の問題は、その関係に悪いものを見出せないことだった。

六年間の週一回の精神分析的心理療法の間に、祥子は離婚を決意する。離婚ののち、彼女は夫との関係に生じたいくつかの問題を特定することができるようになった。彼女はそれを理解して非常に安心したと言う。自分が体験したことの意味が明確になったからである。彼女との精神分析的心理療法のプロセスは、人は明確に特定できる何かがないことによって苦しむことを示していた。

祥子は治療の中盤になって、治療者に自分の夫の問題を説明してほしいと頼んだ。「先生なら私の夫の問題を分析して、あのミステリアスな人を治せるんじゃないかと思うんです」というのである。彼女は、自分は、なぜ、どのように、自分の夫の言動が自分の気に障るのかを特定することができないが、ただ関係が異常だったのはわかると繰り返す。彼女は、夫は人から見ると普通で紳士的なので、自分の苦しみは誰にもわかってもらえないと嘆いた。

治療者は彼女の依頼に戸惑いを感じた。自分が直接会ったこともない彼女の夫について、自分が何かできるはずもないと思ったからである。そして治療者は、彼女がそのように治療者に頼む動機を理解しようとした。しかし、治療者がどんなにその点に注目しても、彼女はまったく変わらない。夫のことを解説してほしいと頼み続ける彼女に、治療者はすっかり困惑してしまう。治療者は彼女のその頑固な態度が、夫との間に問題を生んだのではないかと感じ、その頑固さこそがワークスルーされるべき問題だと考えた。しかし、治療者が彼女の問題に焦点を当てれば当てるほど、彼女は元気をなくしていくのだった。

治療者が最終的に自分の間違いに気が付いたのは彼女の言葉からだった。祥子は「私は、夫の問題を解説してくれと言っているのに、どうして先生はいつも私の問題を解説しようとするのですか」と述べたのである。治療者は、治療者は祥子と同じように、不確かさを受け入れることができなかったことを認識した。治療者が「私が直接会っていない人について解説することは難しいですよ」と言って彼女の依頼を断るとき、治療者は祥子が陥っていたのと同じジレンマに直面し、否認していたのである。つまり、永遠にわからないことをわかろうと努力し、それでも結局はわからないままである、といった不確かな作業に入ることを避けたのである。そのとき、精神分析的手法で祥子の問題にアプローチすることは、不確かさの感覚を避けるには一番良い方法になっていたのである。

3　対人関係状況の変化と創出モデル

コフートは一九七三年の時点で、当時の対人関係状況の特徴を関係の希薄さにあるとしている。それに対して現代の特徴は、対人関係の有り様が不確かにしか感じられないことにある。現代はさまざまな情報が飛び交い、家族の形態も多岐にわたり、人どうしを結びつけるツールも直接的なものからヴァーチャルなものまで多種多様

1　この事例の詳細な記述と議論は、Togashi, 2014d を参照のこと。

に存在する。そのような時代に体験される人間関係は、希薄と言えば希薄で、濃厚と言えば濃厚で、個人によって体験も異なれば、相手との関係性によっても異なる。同じ人との関係でも、関係を媒介するツールによって、関係のあり様はまったく異なって体験されるかもしれない。

そのような対人関係状況の中では、精神分析が探究すべきものも大きく変わる。フロイト（Freud, 1914b）が反復強迫の概念を示して以来、精神分析は、個人の心の中のある種パターン化された病理を明らかにし、それを分析・修正することを目標にしてきた。しかし、反復強迫に基づく関係のパターンといっても、それ自体がカオス的なものかもしれない（富樫 2011b, 2013b）。精神分析のプロセスを複雑系としてみるならば、パターンのような現象を見つけたとしても、それは決して直線的な還元論で理解できるものではないと考えなければならない（Coburn, 2007a, 2007b; 富樫 2011b; Togashi, 2012, 2014a, 2014b）。

たとえば、筆者が見ている女性患者の一人和江（仮名）は、極めて主体性に乏しいようにみえる。彼女は、自分から明確な感情体験や意思、希望について述べることはまずない。自由連想はほぼ不可能で、自分から何らかの体験をとらえて表現することが非常に困難である。では、そのように主体的になれないことが一つの決まったパターンかといえばそうでもなく、彼女に影響を与える他者が彼女に強い意志を示す場合には、彼女はそれに染まって非常に主体的に見える態度を振る舞うことがある。彼女には、次々と現れては消えていくボーイフレンドがたくさんいたが、その中の一人は、非常に強い自己主張をする人で、彼女にも同じように自己主張することを望んだ。その男性と交際している間の彼女は、非常に強い態度で治療者に意見を述べることができた。もし治療者がそのとき、彼女の主体性のなさや、他者によって彼女の意思が規定されてしまうというパターンを指摘したとしても、彼女はそのようなことはないと強く主張しただろう。彼女が主観的体験を示さないという現象は、彼女の受身性や、主導性の感覚の欠如を意味しているかもしれないし、していないかもしれないのである。またそれが、その文脈では受身性を意味するものだったとしても、いつもそうなわけではない。彼女の自己主張的言動は、彼女の独立性を意味しているかもしれないし、男性の言いなりになるという受身性を意味しているかもしれない。患者が持ち込む関係のパターンには、さまざまな顔があるのである。

そのような状況の中で精神分析家が新たに行わなければならない作業は何だろうか。筆者は、それは、患者自身と、患者と分析家の関係のあり様の輪郭を描くことだと考えている（Togashi, 2014d）。そこに問題となるパターンが浮かび上がりにくく、それを分析・修正することが難しいのだとすると、分析家は、不確かで秩序が見えにくい患者のあり様と、患者が関係する他者との関係のあり様を「創り出す」作業を考えなければならない。これまでは、受け身的に患者の問題を知ることを試み、そして、それに基づいて修正を試みてきた分析家が、みずから、柔軟でありつつ一定の秩序を持ったパターンを能動的に創り出さなければならないというわけである。

こうした話をすると、おそらく大きな批判が出てくるだろう。精神分析の基本原則である中立性や禁欲などに抵触するようなテーマだからである。それこそ、精神分析ではないと言われてしまうかもしれない。岡野（1999）は、精神分析状況の中で治療者がある程度の主体的な意思を持って患者に何らかの体験を提供する「提供モデル」を提唱している。筆者がここで述べているのは、それと関係するもので、パターンを見出すことが難しい精神分析関係に、分析家が新たなパターンや秩序を創出する積極的な作業を行うというものである。しかしそれは、そのパターンや秩序に確かさや正しさを求めるわけでもない作業である。

和江の事例のように、本人の主体的な側面が乏しく、他者との関係によってその人のあり様が変わっていくケースでは特にそうである。治療者が、自身が持っているパターンや秩序をその関係に積極的に持ちこんではじめて、そこに関係のパターンが生み出される。治療者は、中立性を破るリスクだけでなく、いわゆる共謀の可能性も考えながら、慎重にバランスを保ちつつ作業をしていくことになる。しかもそのパターンは、患者自身や患者と分析家の関係の不確かなあり様に確かさの感覚をもたらし得る程度の秩序でありながら、それ自体が膠着化しないような柔軟なシステムになるようなものでなくてはならない。

もちろん、そのようなパターンは一朝一夕にでき上がるものではなく、また、分析家が明確に意図して注入することができるようなものでもない。しかし、多くの現代の精神分析家が述べているように（Orange, Atwood, & Stolorow, 1997; Bacal & Carlton, 2010; Stolorow, 2013; Hoffman, 1998; Renik, 1995, 1998）、至適な分析的スタンスは、その患者とその治療者のその関係のその瞬間に特異的に決定される。ある種の患者には、分析家が自分の関係のパターンを治療関係に持ち込むことが至適かもしれないし、ある種の患者には分析家が自分の関係の取り方を極力控えることが至適かもしれない。重要なのは、分析家が、そのように積極的に患者との関係の中にパターンを創り出そうという姿勢を持って作業をしているのかということである。そのような作業の中では、その関係がたどってきた歴史を振り返り、その関係の意味を共同で形成することが重要になる。精神分析家はもはや受け身の存在ではなく、積極的に関係の一側面を創出し、それの輪郭を描く主体となるわけである。その作業は、分析家が、自ら描く輪郭もまた、不確かなものであることを知るからこそ可能になる。

祥子の事例は、このような治療者のオープン性が必要となる良い例である。彼女は自分や自分と夫との関係を描き出す言葉を持っていなかったからである。先に述べた治療段階の終わりのほうで、治療者は最終的に自分の言葉で彼女の夫の問題を表現することを決意した。治療者は、「自分が知る限りの情報から推測で描いてみると」と注釈をつけながらも、明確に自分が考える夫の問題を説明した。治療者は、彼女の夫は確かに何も彼女に悪いことをしていないが、問題はまさに彼が彼女に何もしていないことにあると説明した。治療者は「もし私があなただったら、おそらくとてもさみしく、孤独で仕方がなかったでしょう。あなたは、自分や自分の結婚生活を描き出すことができるような言葉――たとえ悪いものであっても――を持ってないわけですから。でも、今あなたはここにきて私に会っているし、私もあなたという人を見ています。ここならば、私たちは、あなたの夫の問題やあなたの情緒的体験を説明できるだけの言葉を探していけるかもしれませんよ」と語りかけた。治療者は、祥子が何かを語る前に、彼女の情緒的体験を言葉にしたのである。彼女はそれをとても喜び、関係を一緒に作っていこうという治療者の招待状を受け取った。治療者の積極的なオープン性が、関係における「輪郭づくり」の作業をもたらしたのである。つまり、不確かな世界に、彼女自身と、彼女と夫との関係を把握できるような一つの確かな枠組みを提供したのである。それはまた、治療者がリスクを負い、自分の方から不確かなものにアクセスし、それをまず描き出してみることで、患者の体験を確認するという関係のパターンを創り出したということでもある。

４　結　語

これまでの議論をまとめると、以下のようになる。

1　治療者は、精神分析臨床自体が不確かで、明確なものではないことを認める必要がある。
2　治療者自身が、精神分析臨床自体や関係の不確かさの感覚を生き抜かなければならない。
3　不確かな中で、治療者は受身的に分析するのではなく、より主体的に自分を持ち込む必要がある。
4　治療者は、患者とともに将来の二者関係のパターンを創りだしていく姿勢を持つ。

筆者は現代自己心理学や間主観性理論、関係精神分析といった考え方を自らの臨床的・理論的スタンスとしているが、しばしばこのような考え方について、「あれは精神分析ではない」とか「あれを精神分析とは認めない」といった声を耳にする。こうした理論は、ある人たちからすれば精神分析と呼べるほど確実なものではないようである。しかし、多くの精神分析家がフロイトの時代から何が精神分析なのか定義づけようとし続けてきた(Freud, 1923; Eissler, 1953; Kohut, 1980; Mitchell, 1988; Gill, 1994; Schafer, 2003)。しかし誰かが生み出した定義は、すぐに改訂が迫られ、変化し続ける時代の中で新たな定義が生み出される。分析家が一つの「純粋な」精神分析を信じているのだとすれば、それは分析家が不確かさに耐えられないことを示しているのかもしれない。

最後に添えておくが、筆者はここで何でもよいと言っているわけでも、精神分析を明確に定める定義や技法、理論がないと言っているわけでもない。筆者は、初心者の教育においては、スタンダードな精神分析的心理療法の手続きについて人一倍うるさい方だと思っている。そうでなければ、ここで述べたような自由な発想は決して得られないからである。フォームを崩すことは、フォームを構築することと同時になされる。私たちは、不確かさを認めつつ、そこに確かさを見出す努力をしながら、しかしそれに縛られない不安定性の中で臨床活動をしなければならない。

第2章
精神分析のパラダイム・シフト

無意識の中にあるものや過去の出来事を理解して何になるのでしょうか？
先生は面接中にどんなところを見ているのですか？

――これは、筆者の患者がセッションに来るたびに発する質問である。患者は、自らも臨床的な仕事に就き、心理的な援助に携わる専門家である。彼は精神分析理論も学んでいる。解釈や洞察、転移、抵抗、過去の体験の再構成などの概念は、彼にとって馴染み深いものである。しかし彼は、自分の問題を考えるとき、転移や抵抗から過去を再構成したとしても、今、彼が社会生活をする上で問題と感じる関係のルーツとも言える父親との関係を理解したとしても、だから何が変わるのかわからないという。そして、筆者が彼に何らかの洞察を促そうとしているのならば、あるいは、過去の体験を解釈して何かを変えようとしているのならば、それにどんな意味があるのかわからないという。本稿は、この素朴で重要な質問に対し、筆者なりの見解を提供しようとするものである。

この患者に対し、あなたは再構成の意味がわかっていないとか、あるいは、洞察や解釈の意味がわかっていないと答えるのは簡単である。しかしこの問いは、まさにここ三十年のあいだ米国精神分析が取り組んできた大きなテーマに深く関係している。一九八〇年代以降，米国ではパラダイム・シフトが生じた。そのプロセスの中で，それまで絶対とされてきた伝統的自我心理学の基本的価値観は崩れ，分析家たちは新たな価値観でものを見るようになった。無意識，発達的葛藤や欠損，中立性，洞察など，それまでの分析家たちが重視した概念の多くが再検証され，それ以外にも分析家が注目すべき心理的交流があることが明らかになったのである。つまり，筆者の患者が精神分析を代表すると考えていた概念は，時と場合によっては，臨床的に重要なものではないとされる可能性が出てきたわけである。では，その新たな価値観とはどのようなものだろうか。本稿では，その新たな価値観とその臨床的意味について，筆者が専門とする現代自己心理学の立場から，新旧を対比させつつ論じてみたい。

1　精神分析のパラダイム・シフト

米国精神分析のパラダイム・シフトはどのように生じたのだろうか。ここではまず，その歴史を概観してみよう。

第二次世界大戦後に米国で拡大した精神分析は，一九五〇年代から一九六〇年代にかけて，自我心理学と呼ばれる考え方を中心に全盛期を迎えた。そこでは，精神医学や心理療法の中核は自我心理学にあると見なされ，精神現象の多くが自我心理学の理論から理解された。ところが，やがてその理論や技法の硬さ，権威主義的傾向が目立つようになってくる。あらゆる神経症はエディプス・コンプレックスかペニス羨望の解決の失敗と理解され，同性愛は精神病理とされた。分析家の中立性や匿名性，禁欲性は，情緒的・人間的にかかわらないことと同義に扱われ，分析家は，客観的視点から患者の歪んだ心理を解釈する実証科学者と見なされた。そのような傾向が続く中、やがてその傾向を批判する動きが出てくる。ミッチェル（Mitchell, 1997）の言葉を用いれば、そのような傾向は、「政治家や医師、法律家、神父といった権威者の堕落をよく知るポスト・ウォーターゲイト世代、ポスト・イラン／コントラ事件世代」（p. 37）によって、その不合理さを指摘され始めたのである。

権威主義傾向の拡大に対し、精神分析の内部からまず異論を唱えたのがコフートである。彼は、精神分析による治癒には分析家の共感が必要であること、そして、分析家が観察する患者の心理的プロセスには、観察する分析家自身が含まれることを強調した（Kohut, 1981[1982]）。今から見れば当たり前のこの考え方は、当時の米国精神分析界を大きく揺り動かした（Strozier, 2001）。患者の心は切り離された構造をもち、分析家は常に客観的な存在で、そして精神分析的な治癒は分析家の解釈から導かれる洞察によってなされるという前提を覆したからである。そして一九八〇年代以降、グリーンバーグやミッチェルの理論的探索にフェミニスト理論などが合流して関係性理論が発展し、精神分析の認識論的転換がより明確なものになっていく（Greenberg & Mitchell, 1983; Gill, 1994; Benjamin, 1995）。実証・客観科学としての精神分析は相対科学としてとらえなおされ、客観主義は構成主義へとシフトする。客観的で中立的な分析家が患者の歪曲した心を解釈するという考え方は否定され、患者と分析家による関係の共創造が重視されるようになった。ここにきて分析家は、自分たちが、**この**分析家と**この**患者の**この**瞬間の**この**関係という特異性の視点から逃れられないことを認識したのである（Bacal, 2006; 丸田 2009）。言い換えれば、患者と分析家の心は常に影響しあいながら織り成されるもので、そのパターンは一見安定しているが、決して不変なものではなく、常に変化し続けるものだと考えられるようになったわけである（Carlton, 2009）。

実際、精神分析臨床は、実験でもなく、統制された構造の中で行われる話の聴取でもない。すべては患者と分析家という二者が互いに影響を与え合いながら進む即興の作業である（Aron, 1996）。患者がさまざまなことを考え、感じ、理解し、分析家との調整（regulation）の中で話を進めるのと同様に、分析家もさまざまなことを考え、感じ、理解し、患者との調整の中で話を進める。このプロセスをそのままとらえようとする新たな視座は、分析家がそれまで暗黙に抱いていた価値観を大きく揺り動かすことになったのである。

2　精神分析の新たな価値観

精神分析のパラダイム・シフトは、分析家が共有する価値観のシフトでもある（Gill, 1994; Carlton, 2009; Fosshage, 2009）。精神分析家はそれまで、患者の主観性よりも分析家の主観性が真実に近く、情緒の動きは身体の動きよりも深い意味を持ち、患者の表現には必ず裏があり、無意識は意識よりも重要で、過去は現在よりも重要だと考える傾向があった。この前提に疑問が投げかけられたのである。患者の主観性の方が実際に近い場合もあるし、身体の動きそのものにも意味があるかもしれない。意識が無意識よりも臨床的に重要な場合もあるだろう。現在の問題が過去から生じているとは限らないし、重い病理が早期の問題を示唆しているとも限らない。もちろん、これらは単純な二項対立の図式に当てはめられるべきではない。それぞれの価値観は、あくまでも強調点の違いであり、一方を否定したものではない。いずれのテーマも、ミッチェルやホフマンが強調するように、その対立や矛盾を認めた上で、弁証法的に止揚される必要があることは強調しておきたい。

無意識的深層から非意識的相互交流へ

局所論に始まる精神分析は、無意識の派生物を象徴的に分析することによって深層に迫る方法を理論化した（Freud, 1900-01）。患者の夢や語りの内容、行為、表情など、すべてのものは無意識の派生物ととらえられ、抵抗や転移の分析は、その派生物の解釈をもって行われるものとされた。しかし、関係を構成する二者の心が互いに影響を与え合いながら変化し続けていることが明らかになると、分析家は「無意識」とは別の次元の「意識されていないもの＝非意識」にも注目するようになった。近年の実証乳児研究やそれに基づく精神分析理論(Stern et al., 1998; Beebe & Lachmann, 2002; Beebe et al., 2003; Beebe et al., 2005; Beebe et al., 2010; Lachmann, 2008) は、言語化可能で、象徴化されうる語りや空想の領域（エクスプリシット・プロセス）だけでなく、行為・手続き的次元における、凝視や表情、発声の韻律やリズム、覚醒水準などの領域（インプリシット・プロセス）でも、関係を構成する二者が、意識しないまま、瞬間瞬間に調整しあいながら相互交流を進めるプロセスがあることを明らかにしている。インプリシット・プロセスは、抑圧されて意識から締め出された感情や空想の集合体**ではない**が、それでも「意識されない」領域で進むという意味で「非意識」である。患者の凝視や表情、発声の韻律やリズム、空間的向き、覚醒水準は、セッションの間刻々と変化し続けているが、患者の無意識の動きを表しているとは限らない。それは、知らないうちに分析家の凝視や表情、発声などに随伴しながら変化しているプロセスが表れたものかもしれないのである。抑うつ的な友人と話しているとき、うつ病の母親に対する失望感や苛立ちが想起される中で、声が低くなり、発声のスピードが落ちるのが無意識の派生物だとすると、抑うつ的な相手の表情や低く遅い声との調整の中でいつの間にか声が低くなり、発声のスピードが落ちるのが非意識的プロセスである。

非意識に注目することは、分析家に従来の精神分析とは異なる視座を与える。その視座を得た分析家は、患者が言葉を発しないままうつむいていたとしても、それをただちに、分析家へ無意識的攻撃性を表出することへの抵抗だとか、攻撃性が自己に反転した抑うつ状態だとか、解釈することはない。それはもしかしたら患者が、覚醒水準が高すぎる分析家の呼吸から少し離れ、情動を整えながら覚醒水準を下げようとしている様子なのかもしれないと考えるからである。分析家は、無意識とは異なる次元で、分析家と患者が互いに影響を与え合うプロセスを理解する方法を得たのである。

発達的問題から現在の関係へ

非意識的相互交流の発見は、発達理論としての精神分析にも関係する。フロイト（Freud, 1905）がリビドーの発達段階を論じて以来、精神分析は、患者の心理的現象や病理を発達上の葛藤や逸脱、欠損によるものと考えてきた（Ferenczi, 1913; Freud, 1923; Hartmann, 1939; Fenichel, 1945; Balint, 1968; Kohut, 1971, 1977）。それぞれの考え方に違いはあるものの、そこでは、精神病理が重ければ重いほど発達的に早期の問題があり、無意識の奥に向かえば向かうほど早期の感情が抑圧されていると仮定されている。そして、精神分析の目標の一つはその過去の洞察や修正、新しい体験の内在化だとされる。しかし、二者の相互交流が瞬間瞬間に変化し続けるもので、分析的な現象がその二者に特異的なものだとすると、分析家との間に展開する患者の病理は、現在進行している分析家と患者の関係で共創造されたもので、必ずしも発達上の問題を反映したものとは限らなくなる。

たとえば、筆者の患者の一人は、筆者が彼の言葉をほんの少し誤解しただけでも、感情を高ぶらせ、顔を真っ赤にして怒り出し、セッションをたびたび中断させた。彼の父親は非常に自己愛的で、幼少期から彼の言葉をゆがめて受け取ったり、ちょっとした間違いを取り上げて馬鹿にしたりする人だった。その過去の体験が彼の怒りの原因だとすると、父親の否定的な側面が分析家に投影されたとか、父親との対象関係が再現されたとか、あるいは、幼少期に得られなかった父親との関係を分析家に期待するあまりに怒りが表出されている、と理解される。しかし、彼がほんの少しのことであっても怒り出すのは、分析家から愛されたい一心であまりにも強い注意を分析家に向けているためで、それに随伴して分析家も患者に過剰に注目しつつ常に言葉を注意深く選んで話を進める結果、かえって彼を怒らせるようなことを言ってしまう、といったプロセスがみえてくると、問題は必ずしも過去の探索ではなくなる。問題はむしろ、緊迫感が漂い、患者も分析家も互いに相手との関係に安心できないと考えるような関係をともに創り出した意味を理解すること、そして、その関係をどう調整していくのかということになる。

リヒテンバーグ（Lichtenberg, 2009）は、分析家の「問い」が変化していることを明らかにしている。それによれば、分析家はもはや、置き換えや、発達段階、欠損、発達からの逸脱などの識別や関連にそれほど注目していない。私たちが患者の心理的現象を豊かに記述しようとする際に注意を向けるのは、主に①相互的影響、②動機づけと意図、③推測、④コミュニケーションの様相、⑤分析家と患者の調整、の五つだという（第８章参照）。これらはいずれも、その二者の間での両者の過去と現在の関係、そして、それ以外の他者との間での両者の過去と現在の関係とが相互的に影響しあう中で形作られるが、その際に過去が重要になるのは、関係の理解や調整の手助けになるという意味からで、必ずしも、現在の問題を過去に帰属したり、患者に洞察を促したりするためではない。

白紙としての分析家から自発的で正直な分析家へ

治療技法としての精神分析は、転移神経症の概念が明確になったことで具体的になった（Freud, 1914a, 1914b）。そこで重視されるようになったのは、白紙としての分析家である。これは、中立性、禁欲性、匿名性といった言葉でも議論されてきたもので、切り離され構造化された患者の病巣を転移神経症としてノイズのないスクリーンに映し出すため、分析家の自発性を完全に抑制すべきだという考え方である。これもまた、治療関係に現れる現象が二者関係に特異的なものだとすると、分析家が白紙でいることはそもそも不可能だという結論が導かれる。分析家は、意識的、無意識的、非意識的に、自らの人間性を、自発的に、正直に、分析関係に持ち込む。それならば、それを制御しようとするよりは、それをどのように理解し、どのように精神分析療法のプロセスに位置づけるかが重要となる（Gill, 1994; 岡野 2002; Bacal, 2006）。

バコール（Bacal, 1998, 2006）は、白紙でない分析家の態度がどのような意味で治療的影響力を持ち得るのかという問題を追及している。彼は、白紙になった分析家が患者に欲求不満を体験させ、患者の神経症的問題の中核が含まれるその欲求不満を分析することで治療効果が得られるという従来の考え方を批判した。彼によれば、治療の中核は欲求不満ではなく、分析家と患者の「至適な応答性」にある。至適な応答性は、特定の患者と特定の分析家との間に特異的に形成されるシステムによって決定される。患者と分析家は、それぞれ独自の自己対象ニードをもって関係を形成する。その二者関係は刻々と変化し続けるが、その瞬間に二人の間で相互的に構築される自己対象関係があり、その自己対象関係の中で至適な応答性が決定される。極端な例では、分析家がセッションの間ずっと自分の話を患者にし続けることが至適な応答性かもしれないし、分析家が何も言わず返事もしないことが至適な応答性かもしれない。このような応答性は、分析家と患者との間で互いに行われる正直で自発的な言動によって決定されるもので、重要なのは、そのような二者関係がどのような意味でその自己対象関係を発展させてきたのかを理解しようとする態度である。

3　絢子の事例

ここまで述べてきた点について、絢子（仮名）の事例から見てみよう。絢子は米国に住む三十代の女性で、地下鉄車内で体験したパニック発作と慢性的な抑うつ感を主訴として来談した。彼女は友人も多く、結婚生活でも職業的にも順調だったが、いつも無力感にとらわれていた。筆者は、週に二回、四年間にわたり対面のセッションを行った。

絢子に特徴的だったのは、セッションの冒頭に必ず治療者の顔をしばらくじっと見つめることだった。黙ってじっと見つめる絢子の態度は、治療者を不安にさせた。治療者は背景にあるかもしれない彼女の空想を尋ね、彼女が治療者をどんな対象として見ているのかを探索した。彼女は直接その問いに答えず、自分の母親との体験を連想として語った。

絢子の両親は、彼女が生まれてすぐに離婚しており、彼女は父親の顔を知らない。彼女は何度か母親に尋ねたが、母親は多くを語らない。絢子は古ぼけた父親の写真を一度見たことがある程度で、いつ、どこでそれを見たのかも、どんな顔がそこに写っていたのかも覚えていなかった。彼女の母親は、絢子が五歳の頃、米国人男性と結婚するために絢子を連れて移住した。しかし、ほどなく二人は離婚し、結局、絢子は母親と二人で暮らすことになる。母親は抑うつと躁的興奮を繰り返す不安定な人で、抑うつ状態になると部屋に引きこもり、躁状態になると一日中絢子に話しかけ、絢子の失敗を見つけては暴力を振るった。

治療者は、絢子が治療者の顔をじっと見るのは、そうした体験に基づいたおびえからだろうと考えた。絢子はそれを聞き「それはそうでしょう。当たり前です。でも、先生が私と同じことを考えていてくれて嬉しい」と述べた。治療開始から一年も経つと、絢子はぼんやりとしたまま、何も語らずに時間を過ごすようになった。治療者は別の不安を覚えた。彼女が何を考えているのかわからなくなったのである。治療者は「最近ぼんやりとしているのは、どういうことでしょう」と尋ねた。その質問に彼女は「特に何も」と答えるが、それがまた治療者を不安にさせた。治療者は、彼女の気持ちをその表情から読み取ろうと注視するようになり、彼女もそれに対して治療者の顔をじっと見るが、何か言うわけでもなかった。

そんな中、彼女はあるとき「この世には穏やかな関係というのはないのでしょうか」とぽつりと言った。治療者は、自分と絢子との関係を見つめ直した。そして、彼女がぼんやりし、治療者が彼女に過剰に注目する状況は、彼女がこれまで苦しんできた関係のあり様と似ているのではないかと考えた。彼女の母親は、躁状態になると一日中彼女に話しかけた。ときには文字通り彼女を追いかけまわした。彼女がそこから逃げられる唯一の方法は、自分の意識を閉ざし、何も感じないように心に麻酔をかけることだった。治療者は、その理解を彼女に伝えるべきか悩んだ。ぼんやりしている彼女に自分の理解を伝えることは、彼女を追いかけまわすことになるのではないかと考えたのである。結局、治療者は何も言わないことにした。それでも、そのような思索をしていた治療者の態度は自然に変化したのだろう。彼女がぼんやりしているときには、治療者も一緒にぼんやりとするようになった。彼女のぼんやりよりは少し高い覚醒水準は保ったままである。治療者が「二人ともぼんやりしていると、部屋の空気が変わりますね」と述べると、彼女はちらっと治療者の顔をみて微笑んだ。

治療開始から二年も経つと、絢子のぼんやりも次第に減り、彼女は以前よりも活発に話すようになった。あるとき彼女は、治療者に「先生は私にとって何者なのでしょう」と尋ねた。「先生との関係は穏やかで、それでいて、すこし元気になります。でも、人に振り回されてきた私は、この関係が何なのかわからなくて不安になります」と。ぼんやりしていたときは、絢子は治療者を何者かと考える必要は無かったのだろう。しかし関係が変容し、以前よりも活発な交流が出てくると、絢子は治療者の存在を感じるようになった。しかし彼女は、治療者をどんな存在だと感じてよいかわからなかった。心に麻酔をかけることが多い彼女は、友人関係は多いが、表面的に明るい関係なだけで、穏やかで、それでいて少し元気になれる相手は未知の存在だった。治療者は彼女に「どうやったら、少しでもぼくが何者かわかるでしょうか」と尋ねた。彼女は「先生がここ以外で、どんな風に生きているのかを知りたくなりました。教えてくれませんか」と言った。治療者は自分の生活や人生観について語った。そのお返しに彼女も、普段の生活や人生観について語った。思った以上に彼女は日頃活発なようで、その様子は治療者が見ている彼女とは別人のようだった。

しばらくそのようなセッションが続いたあと、絢子は「こんな風に語らいながら、それでいて穏やかで、力強く感じられる関係があるのですね」と述べた。そして彼女は、「こういう関係が、自分と父親との間にあったのかどうかも私は知らない」と涙を流した。心理療法を終わる間際、彼女は日本に一時帰国し、父親を探し出した。実際の父親は期待されたような良いイメージの人ではなかったが、それでも彼女は、自分にとって大切な作業をすることができたと語り、治療者とのセッションを終えた。

このプロセスにおいて、治療者が注目していたのはどんな点だろうか。治療者は、彼女とのやりとりの中で、彼女の無意識の動きや、発達的問題に注目しなかったわけではない。意図的に自分の人となりを彼女に見せつけようとしたわけでもない。その意味では、治療者は、白紙ではないにしても、ある程度の匿名性を維持し、彼女が治療者へのかかわり方を自由に表現できるようにと心がけていた。しかし、そのような点だけでなく（あるいは、そのような点を越えて）治療者が注目していたのは、彼女と自分との非意識的な相互交流や、現在の関係がどのようなプロセスで共創造されているのか、そして、彼女と自分のニードにとって、自分の自発的な応答がどのような意味を持っているのかについてであった。

治療者が、絢子が治療者の顔をじっと見るのは、母親に関連する恐れからだろうという理解を伝えたとき、彼女はそれを当たり前だと述べた。それは、その内容が彼女にとって自明のことで、洞察をもたらすものではなかったことを示している。彼女にとってより重要だったのは「先生が私と同じことを考えていた」ことだった。つまり、彼女と同じ空想を同じ瞬間に発展させられる関係を創りだしたことへの喜びだった。彼女が次第に活気を見せたのは、治療者が彼女より少しだけ覚醒を高めながらも、彼女とともにぼんやりとする中でのことだった。彼女のぼんやりは、分析家に対する特定の感情、それも、過去の対象関係の反復による感情の抑圧を目的とした抵抗ではなく、覚醒水準が高い治療者から少し離れ、それでも関係を維持するための試みであった。両者の状態をその程度に保ちながら関係を進めることは、彼女にとってそれまで体験できなかったような穏やかで、それでいて少し活気のある関係を共創造するものとして体験された。その意味では、治療者と彼女との関係は、彼女が過去に充分体験できなかった母親との自己対象的結びつきが活性化されたものである。しかし、二人にとってより重要だったのは、かつての体験の問題点を洞察することや修復することではなく、その関係の中で両者がほど良い情緒的相互交流を作り上げていくプロセスだった。後半に治療者は自分の人生観を述べた。それは結果的に、両者が相手との結びつきを確認するうえで重要なものとなったが、それは、そのときまでに絢子が、以前よりもずっと治療者の姿を感じ取れるだけの状態になっていたからである。

4　おわりに

本章では、米国精神分析のパラダイム・シフトがどのように分析家の視野を広げたのかについて述べた。一九八〇年代以降、それまでの分析家が当然としてきた価値観が変化し、新たな見方が提唱されるようになった。その元になったのが、患者の心と分析家の心は常に互いに影響し、互いを構成しあうという考え方である。そこから、分析家は無意識的深層だけでなく非意識的相互交流をとらえる視座を獲得し、発達的葛藤の解決や修復だけでなく現在の関係の調整も必要であることを理解し、白紙としての分析家よりも、二者関係の中に展開される自発的応答性の意味を重視するようになった。もちろん米国でも、こういった考え方を取らない分析家はいる。それでもこの先、分析家が扱う臨床的現象はますます多様になり、より多くの視座が必要とされるようになっていくだろう。私たちは、「確かな技法」や「確かな考え方」があるかもしれないし、ないかもしれない中で、仕事をすることを考えなければならないのである。この先さらに時間が経過した世界では、もしかしたら、「精神分析はこの考え方」といえないほど多様な視座が提唱されているかもしれない。

第3章
意味了解の共同作業

「意味了解の共同作業（make sense together）」は、哲学者でもあり、自己心理学の精神分析家でもあるドナ・オレンジ（Donna Orange, 1995）の言葉である。これは、現代自己心理学や間主観性理論の基本概念になっている重要な言葉で、国際自己心理学会の年次大会でも耳にしないときはない。本章では、この言葉の意味の考察を通して、間主観性理論の哲学的基盤ともいえる現象学的文脈主義について述べる。

「間主観性理論」の説明に用いられる言葉には、いくつか有名なものがある。たとえば「オーガナイジング・プリンシプル」「間主観的へだたり・つながり（intersubjective conjunction・disjunction）」「相互交流」「間主観的な場」「文脈（コンテクスト）」「情動調整」などである（Stolorow & Atwood, 1984, 1992; Stolorow, Brandchaft, & Atwood, 1987）。「意味了解の共同作業（make sense together）」はわが国では使われることは少ないが、それらに並ぶ重要な用語である。

「意味了解の共同作業」は、丸田・森（2006）の訳語である。「make sense」は、「合点が行く」「意味をなす」「うなずける」「筋が通っている」「つじつまが合う」といった意味を持つフレーズで、英語ではよく用いられる。「Does it make sense to you?」（「わかった？」「ピンときますか？」「うなずけますか？」）といった形で用いる。「make sense of your life」（「あなたの人生を意味のあるものに」）といった使い方もある。訳語として不恰好だが、「make sense together」は、「一緒に意味を成すようにすること」「一緒につじつまが合う見方を見つけること」と表現すると、日常の語感に近づくかもしれない。

患者は自由連想の中でさまざまなことを語る。その語りは独り言ではない。自閉的に聞こえるものでも、それは、そこに治療者がいて初めて生まれる語りである。治療者はそれを聞き、その内容や発話の様子を理解し、そして治療者のやり方で自分の理解や感覚を伝えようとする。意味了解の共同作業は、このプロセスを表す一つの言葉である。

このようなプロセスについては、もちろん、これまでにもさまざまな精神分析用語で記述されてきた。たとえば、「解釈」「理解」「明確化」「共感」などはそれにあたる。すでにいろいろな言葉があるにもかかわらず、オレンジ（Orange, 1995）は、なぜわざわざ別の言葉を用いるのだろうか。どのような意味でこれは、間主観的な理解の中核に位置づけられる言葉なのだろうか。

1　間主観性理論とは

間主観性（Intersubjectivity）とは何だろうか。Intersubjectivity は、成人の精神分析の領域を見てみると、二つの異なる歴史と定義を持っている。[2] 一つは、自己心理学に近い立場のストロロウ（Stolorow）やアトウッド（Atwood）、オレンジらによって唱道されてきたもので、もう一つはベンジャミン（Benjamin, 1988, 1990, 1995, 2010）やミッチェル（Mitchell, 1993）など、関係精神分析と呼ばれる立場の分析家たちによっ

2 「Intersubjectivity」はこれ以外にも、乳児研究の領域でも注目されて頻繁に参照される用語で、成人の精神分析で発展した概念と相互に照らし合わされながら、概念が整理されている（Stern, 1985; Trevarthen, 2005, 2009）

て精緻化されてきたものである。

これはどちらも、一方の心が他方の心のあり方に影響を与えることを示す用語だが、意味するところは大きく異なる。専門家によっては、後者を「間主体性」と訳し、前者と区別することもある。本章で述べられるのは前者のものなので、後者については簡単に触れるだけにとどめておきたい。その概念的差異の詳細については拙著（富樫 2011a, 2013）を参照いただきたい。

少し長くなるが、後者の間主観性（間主体性）理論についてベンジャミン（Benjamin, 1990）が述べるところを引用しておこう。

……精神分析に持ちこまれた間主観性の考えは有用である。というのも、それは他者を対象として定義することの問題を特に浮き彫りにするからである。間主観性は、西洋哲学や西洋科学の多くを占めている主体・客体の二分法に対比されるものとして、慎重に考えられたものである。それは、他者というものが、自我のニード／衝動、あるいは、認知／知覚の対象というだけでなく、対等で独立した自己の中心性を持つ存在であるという体験や理論の領域を示すものである。

間主観性理論は、自己が他者の前で自分の主体性を十分に体験しながら、他者ももう一人の主体として承認することを前提としたものである。これが意味するところはこうである。まず、私たちには承認されたいというニードがある。そして、一方で私たちには、他者を承認する能力がある――これが相互承認である。しかし、承認は個人が発達させる能力であり、そこには力の差も生じてくる。（Benjamin, 1990, p. 35）

ベンジャミンの間主観性理論は、関係を構成する二者が、互いに独立した主体性を持つ存在であることを認めたうえで、人間同士としてどのようにやっていくのかを模索するプロセスを概念化したもので、一方が他方にとっての対象でしかないという従来の精神分析の考え方に再考を求めるものである。「対象」は、誰かの思いや衝動、感情を映し出すだけの存在でしかない。他者とは違いそれは、人としての主体性があるとは仮定されない。ベンジャミンは、人間の発達にとって重要なのは、「対象」とのかかわりではなく、独立した主体性を持ち、自分には統制不能な側面をもつ「他者」とともに、どのように互いの主体性を擦り合わせながら、あるいは、違いを認めながら生きていくのかということだと考えた。これは、発達的な概念であり、人間どうしのズレや共通点を互いに尊重し、認めていくプロセスを意味している。

一方、本章で述べるストロロウらの間主観性理論とは、「観察者の主観的世界と被観察者のそれという、それぞれ別個にオーガナイズされた二つの主観的世界の相互作用に焦点を当てる」（Atwood & Stolorow, 1984, p. 42）ような精神分析の臨床的視座・感性のことである。二人の主観的世界は、出会った瞬間から他方の主観的世界の影響のもとにオーガナイズされ、継続的に変容し続ける。彼らの理論は、そのような二者関係を前提として、精神分析プロセスを考えるために発展したものである。分析家が作業をしているのは間主観的な場であり、分析家は、その場に組み込まれた状態でその場のあり様をとらえる作業をしているというわけである（Stolorow, 1997, 2010, 2013）。

精神分析は、転移や抵抗を中心として、患者と分析者との間に展開するさまざまな現象を治療対象とする。伝統的な精神分析では、その現象は中立的な分析家の前で展開すると仮定されていて、どのようなものであってもそれは患者の無意識内容の派生物と理解される。分析家の仕事は、そこに含まれる病理を発見し、理解し、それを患者の心の病理に還元して解釈し、洞察を促すことである。

このような考え方の前提となっているのが、患者の心はそれ自体で独立して構成されているという見方である。言い換えればそれは、患者の心を、基本的に他者の心の影響を受けない閉鎖系システムと仮定するモデルである。ストロロウたちは、この考え方に異論を唱えた。彼らは、人間の心は、確かにそれぞれ別個にオーガナイズされている側面はあるものの、それも含めて、心は全体的に常に目の前にいる人のそれとの相互的な影響の中にあるもので、出会う相手とのやり取りの中で変化し続ける開放系システムだと主張したのである。

構造的自我や構造的自己の考え方を避ける彼らは、過去や現在の体験が処理されて情動の周りに織りなされる認知的参照枠を、「オーガナイジング・プリンシプル」と呼んだが、これが「organizing」であって「organized」でないところが重要である。それが意味するのは、その参照枠が常に進行し続けるプロセスになっていることである。患者と分析家の心は、その関係のその瞬間にオーガナイズされているもので、次の瞬間になれば、相互的影響のもと、心の状態はすでに変化しているからである。

その前提に立つと、私たちは精神分析的作業についても再考する必要がでてくる。私たちは転移や抵抗、語り、夢など、分析家がそれまで扱ってきた現象のすべてを、間主観的な場に展開されるものとして再定義しなければならない。そのためには、二つの次元で考える必要がある。一つは、患者と分析家の心が具体的にどのようなやり取りをしているのかを知ること、もう一つは、心理的な現象は文脈や場面によってどのように異なる意味を持つようになるのかを理解することである。

前者が生み出したのは、患者と分析家が実際に影響を与え合っているプロセスを細かく見ていく視座である。それは、一方が何をして、もう一方がそれに対して何をしてと、逐語的に見ていく視座である。その意味では、「説明の次元の記述」(Orange, Atwood, & Stolorow, 1997; Coburn, 2007b; Pickles & Shane, 2007; Stolorow, 2010) が強調された視座である。後者が生み出したのは、心を理解し、解釈することに一つの正しい答えはなく、その場や文脈においてその両者がうなずける意味を見出していくことが理解や解釈なのだという視座である。これは「体験の次元の記述」を強調した視座である。

2　プロセスとしての間主観的視座

プロセスとしての間主観的視座は、患者と分析家の主観的世界がどのように相互に影響を与え合っているのかを見るものである。まずは、事例を見てみよう。筆者自身が体験した事例やスーパーヴァイジーが行った事例を併せた架空事例である。

伝統的なとらえ方

のぞみ（仮名）は、対面で精神分析的心理療法を受けている三十代の女性患者である。彼女は治療を始める五年くらい前から軽い過食に悩まされてきた。彼女は、自分の主体的な意思を感じることが難しい人で、人とのかかわりが生じると、相手の思い通りに振る舞ってしまう傾向があった。

のぞみは、専門的な職業に就いていて、その技能についての評判は良かった。しかし、彼女は仕事を長続きさせることができなかった。それは彼女が、人から求められるままに仕事をしているうちにやりすぎてしまい、やがてバーンアウトしてしまうからだった。彼女は特に、同僚に対しては非常に感度の良いアンテナを張っていた。誰かが困っていると、彼女はたちどころにそれを察知して、先回りしてその人のために手を差し伸べた。使い勝手の良い彼女は同僚から頼りにされるが、やがて彼女の能力を超えるほど仕事が山積みになって苦しんでしまうのだった。

心理療法ではそのような彼女のパターンについて話し合われた。彼女は自分が人から必要とされるに値しない人間だという感覚と、自分が何かをすると人に迷惑をかけてしまうという感覚があると述べた。そうした感覚が職場での人間関係に持ちこまれる可能性について話し合っていくと、彼女の対人関係は少しずつ安定するようになる。以下は、そんな文脈で生じた二つの連続したセッションでの治療者（治）と患者（患）のやり取りである。

読者はまず、「彼女の中にある精神病理は何か」という観点から、このやり取りを読んでみてほしい。

【セッション1】

治：先週は随分気持ちが出たみたいですが、あのあとはどんな感じでしたか？

患：私、本当にびっくりしました。あんなに泣いてしまったなんて。私は普段あんまり泣かないんです。だから、自分でもどうしたのかなって。

治：どんなびっくりでしたか？

患：嫌な感じではなかったんですよ。ただ、なんというか、慣れないことだったので、びっくりしただけだと思うんです。

治：あなたにとって、あれだけ大きくて強いお父さんだったのに、急にいなくなってしまい、思春期に入ってようやく見つけたと思ったら、この前聞いたようなみっともない状態だったわけですから、何も感じなかったはずないですよね。話しているうちにあれだけの気持ちが出てくるのも当然かもしれません。

患：それはそうだと思います。でも、あれだけ泣いたのは、やっぱりここにきて何か月かたって、先生とお話することに安心したからだと思うんです。ここはとても安心できます。帰りにそんなことを考えていました。人前で泣いたことがない私が泣くのはおかしいと思ったので、いろいろ考えたんです。

治：ここで安心できるのは悪いことではないですね。私があなたにとって、どんな存在になっているということですか？

患：うーん。やっぱり先生は大きいですよね。ちょっとしたことではぶれないし。私が泣いたくらいでは何ともないというか、どっしりしている感じです。

治：お父さんは事業に失敗して、後で発見したらホームレスになっていたわけですけど、言わば私は、そうなる前のお父さんのような存在ですね。

患：……（泣）……本当は、父は強い人だったはずなんです。悪い人にだまされて。あんまにうまくいっていたのに。

治：お父さんは、あなたにとってはずっと強い人であり続けているんですね。

患：どうだろう？　母親は父のことを最後までバカにしていました。「お父さんは金融会社が悪いとかいろいろ言ってたけど、結局はあの人に経営のセンスがなかったんだ」って。確かに父は、ちょっとしたストレスに耐えられずに、よくお酒を飲んでいました。でも、私にとっては大きい人でした。

治：今のあなたにとっては、この私も大きい人なわけですね。

患：どうだろう？　わからないです。本当の先生はわからないですし。強くどっしりとは見えますけど。ただ、私が求める強い人はちょっと極端なのかもしれません。私は本当に強い人の傍にいたいと思っちゃうというか、恋人でも、上司でも、友人でも、みんなそうです。

治：どれくらい強い人ですか？

患：もう、本当に強い人。揺るぎがなくて、しっかりしていて。私が何を言っても大丈夫だし、物事を見極めて、しっかりと導いてくれるような人です。

治：そんなに強いんですか（笑）。なかなか責任が重いですね。
患：すいません。
治：謝ることはないんですよ。そういうものを求めること自体はおかしいことではないんです。ただ、私がそうなれるかどうかはわからないだけです。
患：そうやって人に求めてしまうのが、私のよくないところなんですよね（笑）。わかってるんですけど。
治：では今日はこれで。

【セッション2】
患：……（うつむいている）……
治：今日は元気がないように見えますね？
患：そうですね。
治：どうしたんでしょう。いつからですか？
患：先週からです。なんか元気が出なくて。
治：先週のセッションで何か感じましたか？
患：よくわからないんですけど、何となく、もうここに来てはいけないんじゃないかと思って。
治：ん？　どういうことでしょう？
患：……先生にご迷惑かなって。
治：そんなことはないですが、前回私がそんな感じのことを言いましたか？
患：そんなことはないですけど……すいません。

治：どうしたんでしょうね。私が思い出すのは、あなたがこれまでも何人かのセラピストにかかってきたのに、始まってからしばらくするとやめてしまっていることです。今回もそれが起きているということはないですか。
患：（はっとして）すいません。私、駄目ですね。いつもこうなってしまいます。その通りです。
治：私に対して何か不快な気持ちとか、怒りとか、そういったことがわいたということはないですか？
患：そんなこと。それは絶対ないです。
治：だとしたらどうしたんでしょう？　あなたは自分や家族を見捨てて、結局はいなくなってしまったお父さんの話をしていましたし、私の前で悲しみと怒りを感じていたかもしれませんよ。
患：そうなのでしょうか。……（沈黙）……私にとって先生は大切な人なんですけど。
治：だからこそ怒りを感じるということがあるかもしれませんよ。
患：私はもうここに来てはいけないですね。きっと。
治：私に対してもっと言いたいことがあるんじゃないですか？
患：どういうことですか？
治：そうやって来なくなってしまうと、今までと同じですよ。
患：先生は来るなと言っているんですか？　来いと言っているんですか？　よくわからなくなります。
治：あなた自身のセッションなのに、私の意思によってやるかやらないか決まってしまうというのも、おかしな感じがしますね。
患：わからなくなってきてしまいました……（泣）

さて、「彼女の病理」という点では、どのような仮説が浮かぶだろうか。

まず、のぞみが感情の表出に不安を訴えていることから、彼女は情動的側面を自由に体験することが困難な傾向があり、普段は感情をおさえて生活している人ではないかという仮説が浮かぶ。仕事の継続が難しく、心理療法でも治療者を何度か代えていることから、一人の人と安定した愛着関係を持つことが困難で、感情を自由に出せるほど安心できる関係ができると、その相手から距離を取って離れてしまう傾向があるという仮説も成り立つだろう。父親や治療者に対するイメージからは、彼女が強い理想化対象を求めていて、自分自身には価値を感じられないのと対照的に、男性には過剰な強さと価値を求めているともいえる。言葉として表現するのではなく、うつむいたまま「私は来てはいけないですよね」と治療者に尋ねる様子は、受動的な態度で相手からの愛情の表現を待つ演技的傾向を示しているともいえるかもしれない。

このような理解に基づけば、二回目のセッションでのぞみが、「もうここに来てはいけないのではないかと思う」と述べたのは、彼女の反復強迫による転移抵抗と理解されるだろう。これまでになく強い情緒を示してしまったことに恥を覚えた彼女が退行し、原始的防衛による理想化と脱価値化が発動されたというわけである。それによって彼女は、結局、愛着の対象から離れて、自分が苦しい方向に進んでしまう。そのように考えると、ここで生じた現象は伝統的な精神分析が主張するように、神経症的反復に見える。

間主観的感性

ここに、間主観的な視座を導入してみるとどうなるだろうか。そのためにまず、治療者に関するいくつかの情報を記述してみよう。この男性治療者は、母親から「男はしっかりするべきだ」と言われてきた人で、兄といつも比較されて能力的に劣ると言われてきた人である。彼の認識では、妹は自分よりも兄を慕っていた。この情報を頭においてもう一度やり取りを読むと、そこに見える景色はどう変わるだろうか。読者には、もう一度四二ページから四五ページのやり取りを読んでから、ここに戻ってもらいたい。

＊　＊　＊

さて、どうだっただろうか。

注目されるのは、最初のセッションで治療者が「そんなに強いんですか（笑）。なかなか責任が重いですね」といっているところ、そして、「そういうものを求めること自体はおかしいことではないんです。ただ、私がそうなれるかどうかはわからないだけです」と述べるところである。兄より劣ると言われてきた治療者は、患者からしっかりした人であることを期待されて一瞬ひるんだのかもしれない。自己心理学的な言葉でいえば、この時点で治療者は、彼女の理想化ニードに対して共感不全ともいえる対応をしている。

自分が頼りたいと思った気持ちを引き受けてもらえなかったのぞみは、次のセッションでうつむいたまま話すことができない。「自分は他者に迷惑をかける存在」という意識が強い彼女は、自分がセッションに来ない方が、治療者との関係がかえってよくなるのではないかと考える。もちろんそこには、そんな自分でも受け入れてほしいという期待も背景にある。

それを聞いた治療者は、何を体験しただろうか。彼にとってそれは、「女性は自分を評価せずに離れていく」という確信があらためて確認された場面になったかもしれない。この確信のあり方がオーガナイジング・プリンシプルである。彼はそれを認識する恐れから、彼女の発言は反復強迫を表すものだと理解する。「私が思い出すのは、あなたが何人かのセラピストにかかってきたのに、始まってからしばらくするとやめてしまっていることです。今回もそれが起きているということはないですか」という部分である。のぞみは自分を人に迷惑をかける人間だと思っているので、この言葉を肯定する。「すいません。私、駄目ですね。いつもこうなってしまいます。

その通りです」と述べる。そして「自分は評価されずにおいていかれる」という確信を持っている治療者は、それを確認するように、「私に対して何か不快な気持ちとか、怒りとか、そういったことがわいたということはないですか」と尋ねる。

のぞみは「他者の期待に応えないといけない人」であるため、「私はもうここに来てはいけないですね。きっと」と述べる。彼女からすると治療者の言葉は、自分が治療者に迷惑をかけていることを証明したようなものである。彼女は三つの選択肢に挟まれて動けなくなってしまう。一つは、治療者の期待に応えられない私は彼と一緒にいない方がよいというもの、もう一つは、治療者が自分を遠ざけようとしているならば、自分はそれに応えなければならないというもの、三つ目は、大切な治療者との関係を完全に壊さず守るためには離れたほうがよいかもしれない、というものである。治療者の「そうやって来なくなってしまうと、今までと同じですよ」というコメントは、彼女をますます混乱させたのである。

そのように考えると、のぞみがうつむいて話さなくなったり、セッションを辞めると言ったりしたのは、単純に彼女の問題から出てきているとは言えなくなってしまう。彼女は常に治療者の様子を予測し、読み取ろうとし、そして自分の確信（オーガナイジング・プリンシプル）に照らし合わせて妥当化しようとする。治療者もまた同様である。二人の関係がややこしくなってきたのは、まさに二人が共同で作り上げたプロセスだと理解することができる。実際のプロセスとして互いにどのように影響を与え合っているのかを見るためには、このように一つ一つのやりとりを見ていくことが重要になるわけである。

間主観的に関係を見るということは、その治療者とその患者がどのような側面でつながり、どのような側面でつながっていないのかを見ることでもある。別個にオーガナイズされた主観性を持っている二人は、その主観性のあり様についてある種の偏りを持っている。どのような部分でその出会いがつながりを作り出すのかは、それぞれのペアを考えなければならない。

のぞみと治療者は、二人とも、自分は他人から好かれないだろうと感じているが、一方で他人を強く求めている。この場面で両者の主観性の偏りが生み出したのは、「自分は人から好かれないだろう」という側面での両者のつながりである。そのため二者の間には、互いが相手を求めているという側面は、十分な形で浮かび上がらなくなっている。

この二人のつながりのすれ違いは、どちらも「あなたが必要です」と感じているが、どちらも「あなたは私を必要としていませんね」と感じている所に表れている。のぞみは実際「私にとって先生は大切な人なんです」とはっきり言っているし、治療者はのぞみが治療をやめることを恐れている。しかしどちらも、この局面では、自分なんか求めてもらえないだろう、と思っているわけである。それは、互いの主観性における確信の偏りである。こうしたところも、二人にとって重要なテーマとなっているといえるだろう。

３　意味の了解作業としての間主観的視座

ここまで示してきたように、プロセスの視座を導入すると、とらえられる関係の景色が大きく変わる。しかし、その視座にも落とし穴がある。それはプロセスから相互の影響を見たとしても、もし治療者がそういった見方を唯一の正しい理解だと思ってしまえば、結局は「正しい治療者が正しい解釈を行う」という形を作り出してしまうことである。

「ある理解は正しい」という見方は、確かに魅力的である。私たちは、何かが「正しい」と主張されると飛びつきたくなる。しかし世界や社会、環境は、常に操作不可能であり、予測不可能である（Stolorow, 2007;

Brothers, 2008; Togashi, 2014a, 2014b, 2015; Togashi & Kottler, 2015)。何かが正しいという感じ方は常に文脈によるもので、それを超越した正しさはない。それは、精神分析状況でも同じである。

では、「こういう見方をしよう」という姿勢を捨てればよいかというと、そう単純でもない。精神分析が臨床理論である以上、分析家と患者は、分析関係に生じる現象について何らかの形で輪郭を描き、理解し、意味を明らかにしていかなければならない（Togashi, 2014d）。精神分析的作業の中で発見された現象は、説明の次元の記述から体験の次元の記述へと翻訳されていかなければならないのである（Togashi, 2014b）。

意味了解の共同作業は、精神分析にとっての「理解」がどのようなものなのかを理解しようとする理論を作る中で生まれた言葉である。従来の精神分析では、転移や抵抗といった現象は、直面化、明確化、解釈、ワーキングスルーといった流れで扱われ、患者が認識していない無意識のメカニズムが理解されて、患者に洞察を促すのが基本とされている（Greenson, 1967; Sandler, Dare, & Holder, 1973, 1992）。その理論的基盤となっているのは、「治療者は物事を正しく理解している」という仮説である。フロイトや伝統的自我心理学者たちは、患者が語る内容は基本的に歪曲されていて、治療者は背景にある潜在内容を解釈する専門家であるべきだと考えた。

しかし、のぞみの例が示しているように、治療者の認知がいつも正しいわけではない。もちろん、患者が必ず正しいわけでもない。しかし、必ず間違っているわけでもない。そもそも、そこに一つの答えがあるとはかぎらない。答えは複数あるかもしれないし、答えはないかもしれない。

精神分析における「理解の意味」を理解しようとする姿勢を、現代の自己心理学者は現象学的文脈主義と称する。これは治療者の理解の範囲についての問い直しでもある。本当に治療者は全部わかっているのだろうか、治療者が自分はわかっていると感じられているとき、わかっていないという側面を見落としているだけとは言えないだろうか、という視点である。これは必然的に間主観的である。間主観性理論とは、相手との相互的な影響の中で場がオーガナイズされると考えるもので、理解者である治療者はその相互的な影響の場に組みこまれた状態でそれを理解しようとしていることを認め、その中での治療者の理解の範囲には限界があると考えるからである。

意味了解の共同作業とは、臨床的な現象について、一つの正解を探し出すことを意味するのではなく、二人がその時その場で必要な意味づけを行うことを意味する。治療者は自分の主観的フィルターを通してその現象を観察し、患者は自分のフィルターを通してその現象を観察している。その中で導き出される理解は、互いのフィルターを通しても納得できるものとして描き出されることで、ようやくその関係に意味あるものとなる。その作業によって、患者は治療者との相互的なやり取りのプロセスを、一つの意味を持つ体験として自分の中に位置づけていくことができる。

何の意味を了解するのかといえば、その主な対象は情動体験である。ストロロウら（Stolorow, Brandchaft, & Atwood, 1987）が述べているように、精神分析の治療関係の中で患者の心をオーガナイズし、その自己感覚を変容させるうえで機能しているのは情動体験である。人は情動体験の周りに感覚、生きる意味、体験などを織りなしていく。そういった意味で、この用語は発達的なものである。スターン（Stern, 1985）やトロニック（Tronick, 2002）が明らかにしたように、幼児は、養育者との間で情動体験をとらえ、言葉におきかえつつ、整理していきながら、自分の体験を成長させていくからである。

したがって、意味了解の作業は非常に未来志向的である。意味了解は、ある現象の意味づけであって、理由の探索ではない。患者がうつむいて黙っている理由を探す姿勢は、現在の現象を過去のある現象に還元するもので、患者が下を向いている意味は何かと問う姿勢は、患者は何を予測し何に希望と恐れを見出しているのかをとらえようとするものである。理由の探索は過去の体験を再構成するが、意味了解は未来の体験を描き出す作業につながる（Orange, 1995; Togashi, 2014b）。そうした意味でも、そこには伝統的精神分析からの大きな視点の移動がある。

筆者が見ているある女性患者は、三、四歳頃に犬になめられた体験があり、大人になった今でも犬が怖いという。彼女は、犬の歯や爪のとがった感じが怖いというのである。自我心理学者がエディプス的去勢不安だと喜びそうなこのエピソードだが、理由を探索する姿勢は、この元にある葛藤が何か、幼少期の体験は何かを過去の事実の中に探索しようとする姿勢である。フロイトのエディプス・コンプレックスという概念はその一つだろう。しかし筆者が彼女に聞いたのは、「それを私に語ったのは、どのような意味を求めたからなのでしょうね」だった。これは、彼女が治療者との関係の未来に何を見てそれを語ったのか、その意味を探索する姿勢である。過去のどの出来事がその理由になるのかは、この場では治療関係の理解にあまり意味を持たないと感じられたからである。

意味を了解する作業は、意味づけの修正、変更を可能にする。同時に複数の意味づけも可能にする。時間は関係する要素や状況を変えていく。当然のことながら、意味づけはそれに合わせて変わり続ける。未来は過去と違って複数の可能性を持つからである。のぞみのケースでも、彼女がどのような意味（「なぜ」ではなく）でうつむいて話をせず、自分はもう来ないほうがいいのではないかと述べたのかについては、いくつもの表現が可能である。彼女は治療者を守るという意味で身を引こうとしたのかもしれないし、離れていても治療者との関係をある程度肯定的に保とうという意味で身を引こうとしたのかもしれない。あるいは、人から愛されない自分でも治療者と一緒にいてもよいのかを確かめようという意味だったかもしれない。治療者と患者はその現象について、「うつむいていないと自分がそこにいたたまれないほどの情動」の意味を了解する中で、そのような複数の意味づけをし、そして状況に応じて最も妥当なものをテーマに取りあげることができるだろう。

4　現象学的文脈主義による視座の拡大

操作不可能性・予測不可能性を含む世の中は、不確かに感じられる世界である。意味了解の共同作業は、その中で生きる私たちが行う極めて人間的な作業である。私たちは、観察された現象には何らかの意味があるはずだと感じていたい存在である。自分にとって情動的インパクトの強いものほどそうである。

そうなってくると、精神分析作業の目標にも新たな視点を付け加える必要が出てくる。心理的な問題は、確かに個人の内的な葛藤や対象関係、対人関係上の苦悩、自己感覚の不確かさなどと深く関係しているが、それだけでなく、あるいはそれを超えて、生きることの不確かさの苦悩とも関係しているかもしれないからである。心理的な症状は、不確かさの中で無理に確かなものを作り出そうと奮闘した結果の産物や、あるいは、確かなものを見出すことができず不確かな世界の中で寄る辺なく漂っているだけの状態を示しているものかもしれない。オーガナイジング・プリンシプル自体がそもそも、生きることの不確かさの体験の中で、少しでも確かだと感じられる意味づけを集め、体験を輪郭化していったものである。

のぞみは、男性に振り回される傾向があった。知らず知らずのうちに相手に合わせてしまう傾向のために、都合よく使われてしまうからである。しかし、突然父親を失う体験などによって、彼女が生活することの確かさ、親の愛情の確かさ、自分のために誰かがいることの確かさを体験できないのだとしたらどうだろうか。空虚感と抑うつ感の中にある彼女は、そこから脱出しようとして、恋人の要求に応えることに確かさを見出したのかもしれない。それは確かに彼女の社会生活上の問題だが、彼女が生きる方法だったかもしれない。問題の理由を過去に探索するのではなく，問題の意味を未来に問うてみると，のぞみが何か得ようと動いている様子がそこに浮かびあがる。

私たちは，精神分析の目標を，「患者がある程度の確かさを感じながら，不確かさに圧倒されない状態を探索していくこと」だと記述できるかもしれない。ストロロウ（Stolorow, 2007）が述べるように，確かさの感覚を生み出す土壌が間主観的領域にあるとすると，精神分析とは，両者が協働として，その領域における自分たちの関係性の確かさの感覚を了解（make sense）していく作業だとも言いかえられる（Orange, 1995, 2011）。筆者の考えでは，精神分析家は，意味づけるという作業とともに，意味づけないという作業もしている。治療者と患者が不確かな中で作業しつつ，ほどほどの不確かさを認めながら，ほどほどの確かさを描き出す作業を援助し，そのプロセスを患者の情動体験の中で意味づけていくのが精神分析なのかもしれない（Togashi, 2014a）。

第4章
夢と意味了解の共同作業

フロイト（Freud, 1900-01）は、自らの夢の分析を通して精神分析の基礎を構築した。彼はそこで、顕在的な夢内容と潜在的な夢内容を区別して、潜在的な夢内容が顕在的な夢内容へと変換される過程に行われる心的作業を「夢作業」、顕在的な夢内容を潜在的な夢内容に翻訳しなおす作業を「分析作業」とした。彼は、夢の成立過程を探究することで、そこに流れると考えられる心理的機能と心理的プロセスを明らかにし、それをモデル化することでメタ心理学を作ったのである。そして彼は、夢は「欲望成就（願望充足）」であり、「睡眠の番人」（Freud, 1900-01）としての機能を持つと考えた。

本章は、夢に実際に何らかの機能があるのかどうかを問うものではない。フォサーギ（Fosshage, 1997, 2007）やフィス（Fiss, 2000）は、神経心理学や認知心理学の知見を参照し、夢が特定の機能を持つことが実証されたと主張する。しかし、私たち精神分析家が、臨床において夢を扱うとき、その夢が実際にどのような機能を持っているのかどうかは重要だろうか。私たちが患者と夢の内容について精査したり、解釈したりしているとき、実際にその夢の真実の内容を当てているとか、夢の真実の機能を明らかにしているわけではない。仮にそれが、神経心理学的な知見と一致していたとしても、臨床的なやり取りの中では、それが真実かどうかは重要ではない。くだけた表現をするならば、臨床家としては、夢に機能があろうがなかろうがどちらでも構わない。分析家と患者の二人が臨床の中で夢について話し合っているとき、それは、「その夢はそのセッションのその局面では、そのように理解しておいたほうが臨床的な意味を持つだろう」という程度に、意味づけを行うことができればよいだけだからである。

1　自己心理学と自己状態夢

夢の意味づけについて考える前に、自己心理学の中での夢の扱いについて述べておこう。自己心理学で有名な夢の概念は「自己状態夢」(Kohut, 1977) である。自己状態夢とは、「自己崩壊の不安」(Kohut, 1977) の概念とともに、コフートが提唱したもので、フロイトの構造論が定義する夢とは、基本的に異なる性質を持ったものである。

フロイトは当初、不安とは、抑圧されたリビドーそのものが表現されたものだと考えた (Freud, 1895b)。しかし彼は、無意識の衝動の分析からそれを統制するシステムの分析へと関心を進めていく中で、不安とは意識に浮かび上がってくるかもしれない禁止された衝動に対する自我の危険信号だと考えるようになる (Freud, 1916a, 1926a)。つまり不安とは、まだ無意識にあり内容はわかっていないものの、危険なものかもしれない何かを自我が察知している状態を示すものである。その考えでは、臨床家に求められる作業は、隠された内容を暴くために不安の性質を翻訳することである。

コフート (Kohut,1977) は、全面的にこの考えを否定するわけではないものの、それとは質の異なった不安があると述べる。それは、何かが隠されているわけではなく、ただ、そのときの自己体験の状態が示されているだけの不安のことで、言いかえれば、自己が断片化して、崩壊している状態そのものを示したものである。臨床的に言えばそれは、隠された何かを暴く必要がない不安である。コフートは、それについて、「自由連想は心の無意識の隠された層にはいたらず、せいぜい、顕在的な夢内容と同じレベルにあるイメージをさらに提供するだけ」(Kohut, 1977, 邦訳 p. 85) だと述べている。分析家は、患者の不安を自分の言葉で置き換えて説明するくらいで十分で、そこに何か新しいことを発見しようとする必要もないというわけである。たとえば、筆者の患者の一人は、理想化の対象だった夫が仕事で大きな失敗をして、抑うつ状態に陥ったとき、「わからないけど、ただ心がざわざわするというか、足元に何もないところに立っているような感じで怖いんです」という表現で不安を語ったが、コフートの考えに基づくならばそれは、隠された攻撃性や性衝動が背景にあることを示したものではなく、その場での自己状態がそこにそのままこめられただけのものだということになる。

自己状態夢は、コフート (Kohut, 1977) が自己崩壊の不安の概念と並行して述べているもので、同じように、解釈がいらない夢である。筆者の言葉で定義するならば、「顕在的な夢内容と潜在的な夢内容が同じ夢」である。先に述べたように、フロイトは潜在的な夢内容が顕在的な夢内容へと変換される過程に行われる心的作業を「夢作業」と呼んだが、その作業が行われていないものである。たとえば、上に述べた患者は、同時期に「何もない宇宙空間でよるべきものもなく漂っている。孤独で怖くて、気持ちがつぶれそうになっている」という夢を見たが、夢の分析作業によって暴くべき隠匿された内容が特にどこかにあるというわけではない。これが、コフートのいう自己状態夢に当たる。そこで治療者がすべき作業は、「まさにあなたは現在、誰にも支えられずに宙に浮いている感覚なんですね」と、その内容を治療者自身の言葉で置き換えることくらいで、隠された内容を探求する必要はない。

フロイト (Freud, 1900–01) は、夢は欲望成就だと述べた。彼によれば、その考えに対して周囲からは、それでは、不安夢や外傷夢、懲罰夢といった、欲望とは考えにくい夢が理解できない、という批判が上がった

(Freud, 1916a)。その問題に取り組んだ彼は、構造論を発展させるとともに、最終的にはそれらもまた、欲望成就であると結論づける（Freud, 1925)。不安夢はイドの欲望、外傷夢は自我の欲望、懲罰夢は超自我の欲望を充足していると説明したわけである。

筆者の考えでは、コフートの自己状態夢は、フロイトが不十分な理解のまま残した不安夢の問題に関係する。コフートは、夢を一面的に欲望成就だととらえ、隠された欲望を暴くことが重要だとする考え方に挑戦した。スーパーヴィジョンにおいても彼は、「分析家はすぐに隠された意味を探そうとして、単純で最も明らかな意味を無視してしまう傾向があるが、それは間違いである……分析家は分析の素材を、まずは『ストレートに』とらえるべきである」(Miller, 1985, p. 15より引用）と述べている。コフートは、語られた内容をそのまま理解すべき場合があることを強調したのである。

しかし、こうした考え方も、「この種類の夢はこのような内容である」とか、「この種類の夢は自己状態をそのまま示す機能を持っている」という答えを用意したという点では、フロイトの探求してきた夢の意味の同定作業と同じである。本章で筆者が述べようとしているのは、一つの夢に特定の答えがあると考えることを超えたものである。筆者の考えでは、一つの夢であっても、その治療者とその患者のその関係性のその瞬間の文脈によって、いかようにもとらえ、理解し、整理することが可能である。夢の意味は、文脈、時間、関係性によって、いくらでも変わり続ける。言わばそれは、文脈主義からみた夢の理解である。

2　文脈主義と意味形成の共同作業

第3章で詳しく述べたように、現代自己心理学が探究する現象学的文脈主義とは、精神分析的二者関係や精神分析的営みを、その場その時の文脈で共作成されるプロセスだと見なすことである。精神分析的作業や精神分析的現象の理解とは、患者や分析家の情緒体験の主観的意味を検証し、明らかにしていくことである。その点は、従来の精神分析とそう大きく変わるものではない。重要なのは、その検証作業を進めるにあたって、分析家と患者が、検証する情緒体験の主観的意味に絶対的なものはなく、それが常に相対的で、複数の意味を含んだオーガナイゼーションであり、その意味が文脈によって敏感に変化することを頭におきながら対話を進めていく必要があると考える点である。

その考えに照らすと、夢を理解するということは、夢という現象の背後にある内容や意味を暴き出すということではなくなる。夢という現象には実際に意味があるかもしれないし、ないかもしれない。そこには、還元可能な原因があるかもしれないし、ないかもしれない。しかし、それを判断することに臨床上の重きをおかない。患者と分析家が、ある夢に特定の意味があると考えるならば、むしろ、その二人がどのような関係性の文脈にあるために、そのときそのような考え方をとることになったのとかということの意味のほうが重要である。そこで問われているのは、そのときの二人には、その夢に特定の意味があると考えておくことに意味を見出したようだが、それは二人がどんな文脈でやり取りをしている中にあるからなのか、ということである。

別の例で見てみよう。患者と分析家がある夢を「良いものだ」と考えるとき、それは、考えようによってもどうにでもとらえることができる曖昧なその夢が、そのときの二人にはそれなりの情緒的インパクトを伴って「良いもの」として体験されたことを意味する。後景には、別の種類の「良い」体験があるかもしれないし、悪い体験があるかもしれないし、不安があるかもしれない。あるいは、そこには、何の体験も織りなされていないかもしれない。しかし、その場その時の文脈では、「良いものだ」という意味がリアリティを伴って浮かび上がったのである。そこに、何らかの流れがあるはずである。

従来の精神分析では，今，患者がその夢を語っているのは，夢が自由連想の中で特定の意味的ネットワークの一部を構成しうるからだという理解になっている。そして，一部の分析家は，神経心理学の知見がそれを証明していると考える。しかし，意味的ネットワークは，夢の内容と無関係に構成することもできる。誤解を恐れずに言えば，もともとは無関係の夢だったとしても，想起の瞬間や，認識のプロセスにおいて，その内容を前後の文脈に組み込むことはいくらでも可能なのである。

そうなると，患者が夢を語り，私たちがそれを理解し解釈していることは，関係があるかどうかわからない現象に言葉を与えて特定の意味を共有している作業だということになる。私たちがたとえば，「あなたの夢からは，あなたが私に対してある種の不安を感じていることがわかりますし，それがどれだけあなたの気持ちを不安定にしているのかもわかります」と述べるとき，一見それは，その夢が実際に治療者に対する転移感情が偽装された内容を含んでいることを明らかにしていたり，あるいは，夢が十分に構成（formulate）されていない体験を視覚的にオーガナイズする機能を持っていることを証明したりしているように見えるが，実際はそうではなく，その場では「そのように理解しておくと，あなたと私とのこの作業にとって意味が出てくると思いませんか」と意味づけているだけとも言えるのである。もちろん，夢にそうした機能があったり，特定の意味が隠されていたりする可能性を否定するものではないが，仮にそうだとしても，それを示すことにどれだけの臨床的価値があるかはわからない。

このような考え方は，もちろん，夢だけに適用されるものではない。前章で述べたように，オレンジ（Orange, 1995）は，臨床的な理解や解釈の作業を「意味了解の共同作業（make sense together）」という言葉で記述している。意味了解の共同作業は，臨床的現象について，一つの正解を探し出すことではなく，二人がその時その場で必要な意味を見出すことを意味する。臨床家は，患者の語りの内容や行動，振る舞いを理解し，それに言葉を当てはめて解釈したり、伝達したりしている。そうした作業は、フロイトが理想としたように、直線的還元論に従う従来の精神分析からすれば、隠された心の真実を明らかにするプロセスである。しかし、言葉や発言された語りの内容は、文脈と関係性に敏感に依存している。語りを共有する二者の互いの知覚や認知、オーガナイジング・プリンシプルが相互に瞬間瞬間に影響を与え合っている中では、語られるものの意味内容や価値もまた移り変わっていく。

オーガナイジング・プリンシプルはまた、前章で述べたように参照枠の偏りでもあるので、人がある現象を認知している場合でも、それはその現象の比較的目立つ側面に焦点づけて語っているだけで、そこに輻輳的に関係しているさまざまな側面を見ていない可能性もある。関係の中のさまざまな側面は、それぞれ、瞬間瞬間に表に出たり裏に下がったりしている。同じ夢であっても、それについての理解の仕方や考え方は、移り変わっていってもよい。むしろ、特定の夢について、繰り返しセッションの中で話題になる場合、その内容の理解が画一的で、いつも同じだとされているのであれば、それは外傷的な反復夢と同じようなものになってしまい、もしかしたら非常に不健康なやり取りなのかもしれない。

3　事例：安奈

夢の解釈や理解は、その患者とその治療者とのその瞬間のその関係において互いに了解された意味だということを例証するために、簡単な事例を示しておこう。事例の名前は「安奈」としておく。この事例は、二〇一三年の国際自己心理学会で発表し、加筆修正を経て二〇一四年に *International Journal of Psychoanalytic Self Psychology* 誌に出版されたもので（Togashi, 2014a）、以下の内容は本章のテーマに合わせて加筆修正したものである。その中には、新たなエピソードも一部盛り込まれている。

安奈は、四十代後半のレズビアンの日本人女性で、治療者は彼女と週に一回、対面で三年間精神分析的心理療法を行ってきた。彼女の主訴は、抑うつ感と、人とつながっていない感じだったが、抑うつの病歴は長く、何度か深刻な抑うつ状態に陥り、食事をとれなくなったりして、社会生活が数か月維持できなくなったこともあった。しかし治療者の前にいる安奈は、とても明るく、冗談も多い人だった。彼女の話を聞いていると、友人関係も多く、来談時には専門的な職業にもつき、社会生活はとても活発に見えた。

安奈は、大学生の頃から安定した人との関係を持てない人だった。彼女は、自分がレズビアンであることは認識していたが、男性とも女性とも刹那的な性的関係を持つことが多く、性的な関係のあとには自分に対する嫌悪感と空虚感でいっぱいになり、抑うつ的になった。彼女は自分が求めている関係を、「ただ一緒にいてほっとできる関係」と表現したが、彼女が作る関係の多くは常に激しく不安定なものだった。

セッションを開始してすぐに二人が共有したのは、安奈が「死」のにおいのする人のところに近づいていく傾向を持っていることだった。たとえば、精神分析的心理療法を開始する前の彼女のパートナーは、殺人事件で恋人を殺された体験を持つ女性だった。女性は非常に不安定で、自分の感情を調整するために安奈を必要とした。彼女は、安奈の住む町から一五〇キロメートルほど離れた別の都市に住んでいたが、ときには夜中の二時くらいに安奈を呼びつけた。安奈が朝方に到着すると、女性は睡眠導入剤を飲んで眠りこんでおり、家に入れてももらえなかった。別のパートナーは、電子メールで毎日のように死にたいと訴えた。安奈はそのたびに飛んで行き、様子を確認した。また、安奈が最も深く恋をした女性には夫がおり、日常的にＤＶの被害を受けていた。安奈は彼女を救い出そうとし、二人で生きていこうと誓い合ったが、その女性はある日「やっぱり私、逃げだせない」と言い残して自殺した。それでも、安奈が求めていたのは、どこか純粋で穏やかな関係だった。

安奈と治療者は、彼女が他人に振り回されやすいことや、「死のにおいがする人」に近づく傾向があることについて、何度も話し合った。しかし彼女は、なかなかそうした関係をやめられない。セッションを始めてからも、夜になると刹那的な相手を見つけることができるバーに出かけていき、相手を探し、一時的な関係を持った。それでも、セッション開始から一年も経つと、彼女もそれを具体的に変えようと考えるようになってくる。彼女は、そういった気持ちになったときには、治療者に連絡してみるのも一つの方法だと思うようになったが、彼女が実際にそうすることはなかった。治療者は、彼女が不安定になったり、抑うつ的になったりしたときにはいつでも、臨時のセッションをとるとはっきり伝えたが、それでも彼女はそうしなかった。

安奈に確認をすると、彼女は、自分でも治療者に連絡しようと思っていると言う。治療者が「では、どんな理由で電話をしてこないのでしょう」と尋ねると、彼女は、治療者との関係がよくわからないから連絡ができない、と述べる。彼女は、治療者にどこまで頼ってよいかわからないし、頼ってもよいものかどうかわからないのだと話した。

安奈は、治療者を信頼していると感じ、人間的にも好感を抱いていると述べた。何よりも彼女は、セッションで治療者に会ったときの安心感は、これまでに体験したことがないものだと喜んでいた。しかし彼女は、なぜ自分にとって治療者がそういった存在なのか、なぜそこまで大切な存在なのかわからないと言う。彼女は、それがわからない限り、安心して連絡することができないと感じるとのことだった。「理由はないが、関係に安心できない」は、安奈と私との共有キーワードになった。危ない関係はそのまま繰り返された。

そんな中で、安奈は夢を報告する。

気がつくと私は海に浮いています。夜のようです。私の乗っている船は敵の船に攻撃されたようで、沈みかけています。私は攻撃の衝撃で海に投げ出されてしまいました。真っ暗な海ですが、海面が船から漏れ出たオイルでおおわれているのがわかります。周りを見渡すと目をカッと見ひらいたまま死んでいる頭がいくつも浮かんでいます。首だけになって浮いているのもあります。私は怖くなって、自分も死ぬんだろうと思いました。そこで私は溺れかけている男の子を見つけました。私は彼を助けないといけません。だけど、自分に助けられるのかはわかりません。早くしなきゃ、と思っているときにはっと目が覚めました。自分が彼を助けられたのかどうかはわかりません。

この夢について、安奈と治療者は、時期を変えて何度も話し合っている。最初に話し合われたのは、この夢の死のにおいだった。死のにおいの中でも、彼女は誰かを助けなければならない。その使命感は、彼女そのものだった。そういうとらえ方をする限りでは、これはコフート（Kohut, 1977）のいう自己状態夢である。顕在内容から潜在内容を解釈する必要はなかった。

数か月後、安奈と治療者は再度この夢について話し合っている。そのとき二人は、この夢は、安奈が治療者を守ろうとしていることを示しているのではないかと、話し合った。それからしばらくして今度は、二人は、この夢には、彼女が大切にしながら、彼女を置いて死んでいったパートナーへの思慕の念とさみしさが含まれているのではないかと、話し合った。

やがて彼女は、それまであまり話さなかった母親のことを語り始める。彼女の母親は、第二次世界大戦中に満州で生まれ、終戦のときに六歳だった彼女の母親は親に連れられて命からがら本土に戻った。やがて結婚した彼女は、安奈を出産する。しかし、不思議なことに、彼女は安奈を妊娠した経緯、産んだ前後のこと、そしてどのように乳児期を過したのかについて、ほとんど語らなかった。安奈はそのため、安奈自身に特に大きな問題やトラブルがあったわけではないと思われるのに、自分の出生についてほとんど何も知らなかった。

安奈も治療者も、このエピソードを聞いて、彼女の夢を思い出した。彼女は、自分の母親はとてもエネルギーに満ち溢れた人で、生きていることに自信があり、自分が生きていることに意味を感じられないことを母親に訴えても、それが感覚的につかめないような人だと述べた。しかし安奈は、この夢に照らし、母親自身も実はなぜ生きているのかわからない人なのではないかと思い始めた。そう考えると、彼女が次の命を産みだしたことを語れないことも納得できる、というのである。「母親にも、どこか暗い影があるのかもしれない。自分だけが暗い影を持っているわけではないかもしれない」と思うようになると、安奈は、自分も少し生きることに自信を持てるようになった、と述べた。

やがて安奈は、一人の女性と恋に落ちる。彼女は相手が自分の同性愛を受け入れてくれるのかわからず、カミングアウトをすべきかどうか悩んだ。その苦しみから、街で知り合った男性と一夜限りの関係を持ったこともあった。しかし、そのときには、彼女はそれまでと違い、自ら治療者に連絡して臨時のセッションを持つことができた。やがて彼女は、その女性に告白し、恋人同士になった。そして彼女は、夢を報告する。

私は外国にいるみたいです。たぶんヨーロッパです。私はそこで丘を登っているみたいです。道の横には、たくさんの白いきれいな家が並んでいます。道の反対側は、とてもきれいな海です。とても素晴らしい日です。海はとても素晴らしく、波に揺れて輝いています。私は本当に久しぶりにのんびりとしてリラックスしたなと思いました。

この夢について、安奈と治療者は、海の色彩が変わったことに注目して話し合った。彼女の心の色調が、死の色から生の色に変わったと思われたからである。彼女は、自分が人との関係の中で生きていくことに初めて安心感を得たことが表れていると思うと述べ、心理療法を終わった。

4　夢の意味づけ

さて、安奈によって報告された夢には、何かの機能があったのだろうか。最初の夢は、自己状態を表した夢なのだろうか。それは、彼女の怒りと抑うつを象徴化したものなのだろうか。彼女の亡くなったパートナーへの想いが表現されたものなのだろうか。あるいはそれは、言葉にされないまま世代間で伝達されたトラウマを示したものなのだろうか。最後の夢は、本当に、最初の夢のシーンと関係があり、その変化が示されたものなのだろうか。

筆者の答えは、「それはわからない」である。筆者は、セッションで話し合った内容は、「そのときにはそのように考えておくと意味がある」という類のものだったと考えている。最初の夢は、ある場面では、彼女の自己状態を表していると考えておくことが、二人にとって丁度よかった。別の機会には、彼女の怒りと抑うつを象徴化したものだと考えておくことが丁度よかった。言葉にされないまま世代間に伝達されるトラウマがあるのかどうかはわからないが、安奈も私も、そのように考えることで、そこに大きな意味を見出した。

この夢は、セッションが終結した後も、彼女の中に残り続けた。彼女は一年後、母親に夢の話をする。すると母親は、「自分は引き上げ船の中で高熱を出して死にかけたそうだ。すし詰めの船内では、亡くなった人や、死にかけている人は海に投げ捨てられるのが当たり前だった。自分も投げ捨てられそうになったとき、親戚が抗生物質を手に入れてきて九死に一生を得たらしい」というエピソードを、初めて安奈に語った。母親は、それまでこの体験を語ったことはなかった。それと夢が何らかの形でつながっているのかどうかはわからないし、仮につながっていたとしても、それに何らかの意味があるのかどうかもわからない。しかし、二人は、夢をそのような形で使用し、そこに意味を与えたのである。

第Ⅱ部
リアリティをとらえる精神分析理論

第5章
「悲劇の人」の心理学――コフートの自己愛理論

「仕事を辞めるなんていうのは、男と別れるようなもんや。相手の誤解を解こうとか、自分が別れたい気持ちをわかってもらおうと思ったらあかん。どうせ相手はほんまにはわかってくれへん。ぐだぐだ言い出すとややこしなるだけやから。何も言わんと全部そこにおいていき」

これは、対人関係の問題で仕事を辞める患者が、職場への思いをあきらめ切れないときに思い出した友人の一言である。彼女はとても優秀で、高い地位の専門的職業に就いていた。彼女は、自分なりの仕事の理念を持っていた。しかしそれは、職場が彼女に求めていたものとは大きく異なり、彼女は、職場の指示に従わない不真面目な従業員だと誤解されたまま辞めることになった。そのときに彼女が苦しんだのは、「自分が一つの理念に沿って行動していたのであって、決していいかげんな気持ちだったわけではないことをみんなにわかってもらいたい」という思いを諦めることができないことだった。彼女は退職が決まったのちも、有給を使って休むことなく、最終日まで出勤して誤解を解こうとした。

患者が諦め切れなかったのは何だろうか？　それは、「相手の気持ちや考えを変えること」である。彼女は確かに誤解されていた。誤解されたままではあまりにも悔しいので、誤解を解きたいと思ったのである。つまり、彼女に対する相手の否定的な感情を変えたいと思ったわけである。

自己愛の問題はこのように、他者の意志と気持ちへの執着と関係する。これは、人間が誰しも持っているものである。人は、他人が自分をどう理解しているのかを気にする。たとえそれが、実質的な損失をもたらさない場合でも、その人にとっては非常に大きな意味を持つ。この患者の場合もそうだった。彼女は、既に次の職場を決めていて、そこでは、広く受け入れられ、充分に評価されていた。彼女は、退職したあとまで前の職場の人たちと付き合うつもりもなかった。彼女は何も損することはなかったのである。しかし、彼女はその誤解を解くことを諦め切れなかった。

もう一つ例を挙げよう。筆者の友人は、彼の親友が離婚しようとしていることを聞き、納得ができないと強い不快感を示した。彼は、親友に何度も連絡を取り、離婚はするべきではないと口を酸っぱくして説明し、説得を試みた。彼を通して聞く限り、親友にはそれなりに離婚すべき理由があり、それほどおかしな決断とは思われなかったが、筆者の友人からすれば理由は関係ないようだった。しかし友人は、宗教上の理由で離婚に対して否定的な価値観を持っているわけでもなく、親友の奥さんと特別親しいわけでもなく、親友の離婚によって何らかの不利益を被るわけでもなかった。唯一理由があるとすれば、彼は、容姿が良く、頭脳明晰で政治力もある親友に強く憧れていて、そんな友人には、離婚のような「格好の悪いこと」はしてほしくはないということくらいだった。さすがに彼は、親友に直接伝えることはなかったが、筆者の前では、「あいつの人生がそんな風になるなんて、俺は認めない」と、いらだちを示していた。彼は、親友の人生を、自分が納得できるものにしておくことに、ひどく執着していた。これもまた、いわゆる自己愛の問題である。

他者の意志や気持ちへの執着が、なぜ「自己愛（ナルシシズム）」と関係するのだろうか。自己愛という言葉は、さまざまな意味で用いられている。それは、エコーの求愛を無視したために呪いをかけられ、湖面に映った自分の姿しか愛することができなくなってしまった、ギリシア神話の「ナルキッソス」に由来し、最も一般的で俗な定義では「自分だけを愛している人」という意味で使われる。それを単純に解釈すると、自分にのみ愛情を向け、他者への愛情をもてなくなってしまった人を意味する。

しかし、私たち臨床家が患者を自己愛的だと感じるとき、「患者は自分のことだけ考えている」ととらえているわけではない。仮に患者が純粋に自分のことだけに心を奪われ、他の人にまったく関心を持っていなかったとしたら、臨床的には何も問題がないと同じだからである。そのような人が周りにいたとしても、誰も困らないからだ。自己愛が問題だというとき、それは、その人が他人を巻き込んで困らせる特有の方法があるからである。ナルキッソスも、池に映った自分ばかりを眺めているならば、誰も彼を問題だとは感じなかったかもしれない。彼が問題のある人だと思われたのは、彼に恋焦がれ、彼を求める周りの人たちの気持ちをにべもなくはねつけ、彼らを侮辱し、傷つけたからである。

自己愛をどう理解するのかということは、実は、精神分析の歴史の中で特別な意味を持っている。精神分析の創始者であるフロイトは、自己愛の発達・病理モデルを作ったが(Freud, 1914a, 1915a, 1917, 1923)、治療に関して言えば、自己愛が強い患者は分析不可能だと述べた（Freud, 1917)。その後、特に一九六〇年代以降、さまざまな精神分析家が自己愛の治療論を展開するようになり、精神分析はそこから、さまざまな学派を生み出していくのである。

ハインツ・コフートもその一人である。彼は、自己愛パーソナリティの患者の関係の取り方を分類し、分析可能な転移として概念化した（Kohut, 1966, 1968, 1971, 1972)。その中で彼は、いくつかの点について、従来の精神分析とは異なった見方を提唱する。たとえば彼は、それまで病的で未熟な心性と見られてきた自己愛は、必ずしも病的なものではなく、それ自体が成熟すれば創造性や文化的活動の源になると述べた。また、自己愛は捨て去られるべきもので、そうでなければ健全な対象愛が発展しないという見方も否定し、自己愛はそもそも捨て去ることができないものだとした。その見方は，やがて「自己心理学」と呼ばれる独自の学派として体系化され，さらに，伝統的な考え方に縛られないポスト・モダンの潮流につながり，米国精神分析のパラダイム・シフトを生み出したのである（丸田・森 2006; Fosshage, 2009; 富樫 2010）。

本章では，コフートが自己愛をどのようなものととらえ，病理化した自己愛をどのように治療することをめざしたのかを紹介する。コフートが見た自己愛は「悲劇の人（tragic man）」という言葉に集約される（Kohut, early 1970, 1977）。彼は，人は本質的に自己愛的であるがゆえに苦悩せざるを得ないと考え，その苦悩をこの言葉に込めた。人が人として生きていくうえで避けられないその悲劇性は，自己心理学の中核的思想の一つというだけでなく，現代を生きる私たちの体験を説明する概念でもある。

1　フロイトのいう分析不可能性とは何か

フロイトは，なぜ自己愛が強い者を分析できないとしたのだろうか。自己愛パーソナリティの患者は，物質的には満たされた環境にあっても，自分は空虚で，ばらばらで，価値がないと感じる。あるいは，実際の業績がほとんどなくても，自分は著しく価値があり特別な存在だと思い，それを社会が承認してくれないと怒る。どちらかが強い者もいれば，両者を行ったり来たりする者もいる。その中のある患者は，分析家との情緒的交流を避け，分析家のコメントや解釈を無視したり，反応しない。ある患者は，自分の優越さを誇ったり，分析家を過剰に理想化して褒め称えたりする。そして，それが受け入れられないと分析家に裏切られたと感じ，執念深い怒りを示したり，倒錯や嗜癖，心気症的不安を発展させる。彼らは，自分が失敗すると羞恥心に圧倒される一方，相手の失敗には不寛容で，分析家が少し話を忘れたり，集中力が欠けたりする程度でも，激しく糾弾する。

従来の精神分析はこのような患者に困惑した。彼らは、従来の治療理論が求める分析可能な患者の条件を満たさなかったからである。従来の精神分析が理想とする患者は、心に浮かぶすべての事柄を語って無意識の情緒的問題を探索し、分析家への関心と愛着を強めて深い情緒的関係を構築できる人である。同時に彼らは、分析家を過去に自分を苦しめた対象のように体験はするが、合理的に分析家の解釈を聞き、受け入れる力を持ち、分析家との関係の中で生じるすべての問題を自分の病理と結びつけて洞察できなければならない。自己愛パーソナリティの患者は、自分の知識の豊富さを認めてもらうか、分析家が自分をどう体験しているのかを知りたがるばかりで、無意識の内容に関心を向けない場合があった。また彼らは、分析家には自分が期待する存在であって欲しいとは願っても、独立した人間としての分析家に関心や愛着を向けない場合もあった。脆弱で傷つきやすい彼らは、そのような関係の取り方自体が問題であることを解釈されても、怒りで反応するか、無視するか、症状の悪化で反応するくらいで、その解釈を自分の問題と結びつけて洞察できないというのである。

このような患者を治療しようとすると、分析家が取る道は限られる。一つは分析不能だと考えること、もう一つは精神分析の技法を一時的に修正すること、そしてもう一つは、自己愛やそれにまつわる現象そのもののとらえ方を変えることである。概念としてフロイトが取ったのは第一の道で、その後の多くの分析家が取ったのは第二の道だった。彼らは、自由連想や解釈による洞察といった精神分析の基本技法を一時的に改めることは認めたが、自己愛そのものの理解はフロイトを踏襲した（Blitzsten, Eissler, & Eissler, 1950; Kernberg, 1975; Spotnitz, 1969, 1976; Rothstein, 1983）。それに対しコフートは、第三の道を通ることで新たな方法論を導き出したのである。

2　自己愛転移の病理性とは何か

先に述べた自己愛パーソナリティ特有の関係のとり方は、コフート以前から「自己愛転移」と呼ばれてきた（富樫 2008）。コフートは、その関係のとり方こそが精神分析が扱うべき転移だとした上で、「安定した自己愛転移のうちの一つが自然に成立することは、一方で精神病や境界状態から、他方では通常の転移神経症からこうした患者を鑑別する最良で最も信頼できる徴候だということである」（Kohut, 1971, 邦訳 p. 4）と述べ、自己愛転移が自己愛の問題の中核であることを明らかにする。彼は、自己愛転移をまず「鏡映転移」と「理想化転移」の二種類に分け（Kohut, 1968, 1971）、最終的に「双子転移」を加えて三種類とした（Kohut, 1984）。

鏡映転移は、治療関係の中で患者の誇大自己が活性化したもので、分析家が自分を受け入れ承認してくれたと体験することで、自分が確固とした存在だと感じるものである。コフート（Kohut, 1971）はそれを、自分を見る母親の「目の輝き」によって承認される自己と表現した。F嬢がその代表である。彼女は、延々と自分の話を続け、コフートが口をはさむことを好まず、自分の話から逸脱しない限り彼のコメントは受け入れるが、自分の話から少しでも離れた彼独自の見方には、不快感と怒りで反応した。コフートは、彼が目を輝かせて話を聞いている限り彼女の前に存在することを認められるが、主体性を示すことは許されなかったのである。

理想化転移は、治療関係の中で、理想化された親のイマーゴが活性化されたもので、理想化され得る強さを持った分析家とともにあることで、自分の強さや安全感を体験するものである。G氏の事例（Kohut, 1971）では、コフートが自分の休暇を伝える際、G氏が動揺して休み中に電話をかけてくるのではないかと恐れ、不安げなトーンで彼に話をしたことで理想化転移が断絶した。G氏は、強い失望感から妄想的になる。それまでコフートの力を無限のものと体験していた彼は、コフートの様子を見て、自分の強さを感じることができなくなってしまったのである。

双子転移は、治療関係の中で、分析家が自分と似ていると体験することで、誰かと繋がっている感覚を体験するものである。コフート（Kohut, 1984）はその感覚について、人が自分を「人に囲まれて生きている人」なのだと体験することだと表現した。「瓶の中にいるジーニー」の空想を持つコフートの女性患者は、彼女が孤独を感じたときはいつでも、ジーニーと話をした。彼女はそれを自分とそっくりで、誰よりも自分をわかってくれる存在と表現した。それと一緒にいる限り、彼女はつらい孤独な時間を生き抜くことができたのである。

コフートは、このような転移の背景には「自分の体や心を自分でコントロールできると大人が体験するときと同じような自明的確かさ」（Kohut, 1971）で分析家を所有する空想があると述べる。つまり患者は、物理的には自分と異なった存在であるはずの分析家を、まるで自分の一部であるかのように体験する。患者は、自分が描いたように分析家が振る舞う限り安心するが、そうでなければ自分がばらばらになるほどの失望感を体験する。

従来の精神分析は、このような現象を、非常に未熟で、病的な人格から生じるものだととらえた。自分の期待通りの機能を他者が提供しなければ自分が安定しないというのは、人が生きていくうえでの基本的な欠陥だというのである。他者が自分の価値を永遠に承認してくれるはずはないし、重要な他者が強くとも自分が強いわけではないし、どんなに似ている他者でも、完全に同じであるはずもなければ、ずっと傍にいてくれるわけでもないからである。このモデルに従うならば、成熟した人間は自分を安定させるために他者を必要とすることはない。従来の精神分析は、患者の自己愛的で未熟な関係を解消させ、患者が他者から切り離されていても安定していることを治療の目標とした。

しかし、コフートの現象学的内省は、その現象をまったく異なるものとして描き出した。彼はこう考えた。確かに、永遠に誰かに存在を承認してもらわなければならないのならば病的だろう。しかし、テストで百点を取った子どもが母親に喜んでもらいたいとか、夫が妻には自分の帰宅を心待ちにしてもらいたいと思うのも病的だろうか。それが欠けたときに、自分を空虚に感じるのは当たり前ではないだろうか。確かに、他者を全能の存在だと信じるのは病的だろう。しかし、子どもが授業参観日に後ろを振り返ったら、自分の母親が誰よりもきれいで嬉しいとか、妻が夫の昇進を誇らしいと思うのも病的だろうか。母親も夫も自分とは物理的に異なる人間だが、自分の大切な存在が輝いていれば、自分も誇らしいのは当たり前ではないだろうか。確かに、他者が自分とまったく同じ存在であるべきだと思うのは病的だろう。しかし、知らない国で日本人に出会って安心したり、同じ映画を見た恋人と同じ感動を共有したいと思ったりするのも病的だろうか。自分とかかわる人には、基本的な部分で同じ価値観や考え方を持って欲しいと願うのは当たり前ではないだろうか。

つまりコフートは、自己愛転移は確かに病的な場合もあるが、それを求めることそのものが病的だとは限らないと考えたのである。求め方や求める質が病的なだけで、それ自体が病的なのではない。彼は自己愛パーソナリティの患者の関係の取り方は、本来ならば得られるはずの親からの承認（鏡映体験）や親の強さへの憧れ（理想化）、親との本質的類似性の体験（双子体験）が得られず、極端な形でそれを求めるようになっただけだと理解する。そう考えると自己愛転移は、解消されることを目的に分析されるものではなく、患者がそれを求めざるを得なくなった背景を理解するために分析されるべきものだと考えられるようになった。さらに重要なことは、分析家との間でその得られなかった体験を修復するように再体験されることで、自己愛は健康な形へと変容することが可能なものだと理解されるようになったことである。

3　自己愛の病理性とは何か

フロイト（Freud, 1914a, 1917）が自己愛を詳しく論じて以来、さまざまな分析家がその概念の整理を試みてきた。立場の違いはあるが、従来の精神分析モデルの中では、基本的にそれは、成人ならば対象に向かうはずのリビドーが自我に逆流した状態で、自体愛的な一次的自己愛状態への退行を意味するものととらえられてきた。そこでは、個人は、自他の概念が未分化な心理的状態にあるため、他者を自分の一部のように操作できると思い、独立した主体性を持つ存在として他者を愛することができないとされる。そして、自己愛パーソナリティの易怒性や侮蔑的態度、恨みがましさは、そのような未熟な自我構造から発現する人の原始的で動物的な攻撃性の発露だと理解された。

一方コフートは、自己愛の病理性は自他の未分化にあるわけではないと考える。問題なのは、極端な内容を、刹那的、攻撃的な方法でしか求められないことである。人は、本質的に、他者の体験を通してしか自分の構造的一貫性、時間的連続性、肯定的な感情的色彩を得ることができない（Stolorow & Lachmann, 1980）。自己愛をなくすことは不可能で、蒼古的な形態のものからより成熟したものへと、表現形式を変えるだけである。他者の体験と無関係に体験される自分は存在せず、もしあるとすれば、それは他者から完全に孤立した自分であり、それこそ病的である。彼らの易怒性や侮蔑的態度、恨みがましさは、他者との関係の中で十分な体験が得られないことへの二次的反応で、人間の原始的な攻撃衝動の発露ではない。自分が体験した損失に見合わないほど徹底的に相手を破壊しようとする執念深い怒りや尽きることのない恨みは、動物的というよりも、まさに人間的だとコフートは考えた（Kohut, 1972）。そうなると、「自己愛転移」という言葉は、従来の精神分析とコフートとで異なったものを意味することになり、それが示す現象と語感が合わなくなる。また、他者の体験を通して得られる豊かな自分を意味するものに「自己愛」という言葉もふさわしくない。そこでコフートは、前者を「自己愛転移」ではなく「自己対象転移」、後者を「自己愛」ではなく「自己」と呼び替えた（Kohut, 1977）。コフート理論は「自己の心理学」となったのである。

さらにコフートは、成熟した自己愛は、人間の創造性やユーモア、共感性、英知、勇気といった文化的側面の中核だとも述べる。たとえば彼は、英国の首相だったウィンストン・チャーチルが、幼少期に自分が本当に空を飛べる人間だと信じていた例を挙げ、誇大性が創造性の中核になる場合があると主張する（Kohut, early 1970）。つまり、平時ならば病的なもので終わっていたかもしれない彼の誇大性が、歴史的危機において大きな役割を与えられたために、効果的な創造性として開花したというわけである。実際、病的自己愛が顕著な人は、創造性やユーモア、共感性に欠け、英知、勇気といった側面を、社会生活を豊かにするために用いることができない。コフートによれば、人間の文化や人がどのように生きるかという倫理的側面は、まさに成熟した自己愛の所産なのである。人間の文化とは、性衝動やそれにまつわる対象関係の克服であるか、あるいは、性衝動を抑圧したものと考えるフロイト（Freud, 1930）とは、その点でも対照的である。

4　悲劇の人

コフートは自らの考えを「悲劇の人」という言葉で表す（Kohut, early 1970, 1977）。これは、フロイトのモデルが、心の病理の中核はエディプス的罪悪感にあるとする「罪悪の人」の心理学だとすると、彼のモデルは、心の病理の中核は自己を体験する方法にある、と考える心理学であることを示す言葉である。人は、他者が自分をどう体験するかということと関係なく自分を体験することができず、自分を**心理的に**生かすためには、生物体としての自分を**物理的に**殺すことさえある存在である。筆者が述べたように、「人は完璧になれない。他人の鏡映なしに自己の安定感を獲得できない。恋に落ちても相手が応えなければ何も進まない」（富樫 2006）のである。しかし、人は他者の意志や体験を操作することはできない。他者の体験次第で自己の体験が変わるのに、他者の体験は手が届かないところにある。そのような世界で人は、他者の心の中で自分が輝くために、英雄的な死を選び自分の存在を永遠のものにしようとすることがある。あるいは、死によって、自分の理想を永遠に守ろうとすることもある。たとえば、災害や戦争の中で、普通の人が自分たちの文化を守るために命を投げ出したり、テロリストが他者からの永遠の賞賛を求めて爆死したりすることがそれである。コフートは、そこに人間の本質的な悲劇性と苦悩を見たのである。

コフートは、友人のアレキサンダー・ミッチャーリッヒへの手紙に「その人に最も個人的なものとして属しているもの、すなわち（抑圧された？）自己愛空想は、この時代の社会病理に関する重要な独自的要因のひとつだろう」（Kohut, 1965, p.111）としたためている。現在社会問題となっている多くのことも、この本質的悲劇性と無関係に論じることはできない。DVや嗜癖、重大犯罪の背景には、手の届かないはずの他者を自分の思い通りに動かそうとする蒼古的自己愛空想（Ulman & Paul, 1990; 富樫 2006, 2009; Togashi, 2009）が見られる。DV加害者は、自分が望んだままに相手が動かないと感じると、どんな些細なことでも許さない。薬物やアルコールの嗜癖者は、他者を全能的にコントロールできるはずだという空想を維持するためにそれらの物質を使用する（Ulman & Paul, 1990, 2006）。ある種の無差別殺人では、社会が自分を価値がある人間として認めてくれないと、社会への報復として怒りを暴発させる。彼らはつまり、どうしようもないことをどうにかしようとして、それに執着し、破滅的になるわけである。

これらはいずれも、人間の悲劇性の否認である。彼らは、何らかの方法で他者の意志を統制することが可能だという思いに執着し、それを捨てることができない。彼らは、他者を操作することができないことと、他者の体験を通してしか自分を豊かにすることができないこと、その二律背反的にも見える心性を弁証法的に止揚する作業を進めることができない[3]。

筆者は、わが国で精神分析臨床を行う私たちにとって、「意地」や「覚悟」といった言葉が重要であることを主張してきた（富樫 2006, 2009）。それは、そのような言葉が、人の悲劇性を受け入れようとする心構えと深く関係しているからである。「意地」は自己愛的怒りと結びつけば、破壊的・自滅的なものになることもあるが、健康な場合には、九鬼（1930）の哲学的内省にあるように、相手とのつながりを求めつつ、相手を操作する空想を諦めるための美意識にもなる（富樫 2006）。「覚悟」もまた、破滅的・自滅的なものになる場合がある一方で、健康な場合には、自らの理想を追求するために、その痛みを予測しながらも他者を操作する空想を捨て去るための心構えにもなる（富樫 2009）。つまりそれは、他者と情緒的に結びつきつつ、他者の自由意思を承認するプロセスを生む。言い換えれば、わが国の文化には、人の悲劇性に向き合って認識を止揚させる上で、そのような言葉を通して心構えを作る伝統がある。私たちは、現在の社会問題のいくつかを理解するために、「意地」や「覚悟」と同じような言葉について、その長所短所も含めて再度見直す必要があるだろう。

5　おわりに

従来の精神分析の中核概念を否定し、新たな考え方を提唱するコフートの自己心理学は、精神分析の歴史において痛烈な批判にさらされてきた（Strozier, 2001）。よくみられる誤解に基づく批判は、コフートは病的な自己愛を肯定しているとか、病的な自己愛が持つ怒りの大きさを無視しているとか、あるいは、共感を強調して患者を甘やかしている、といったものである。これがまったくの誤解であることは、何人もの自己心理学者が主張するところである（Strozier, 2001; 富樫 2013）。むしろ、自己愛が病理化したときの執念深さや破壊性を誰よりも問題視していたのはコフートである。彼は、人が他者の体験を通して自分を感じることができるという関係の形は病的ではないと述べただけで、他者に執着し、操作しようとすることを良いとしたわけではない。また、コフートが共感を強調するのは（Kohut, 1959, 1981[1982]）、ある面でいえば、従来の精神分析が教条的に自己愛を理解しようとして失敗したのを見て、自己愛の病理の本当の怖さは、相手の身になり替わったつもりで内省してみなければとらえられないものであることをよく知っていたからである。

3　筆者はここで、ＤＶと嗜癖、重大犯罪を並列させたが、これらがすべて同じメカニズムで生じると述べているわけでも、問題の深刻さが同じだと主張しているわけでもない。筆者は、これらの問題のある側面に、同じような悲劇性の否認がみられることを述べているだけである。それぞれの問題の深刻さや発生メカニズムは、さまざまな要因の相互作用の中で決定されるもので、ある側面からのみ語られるものではない。

第6章
サティと愛の理論

精神分析の創世記の一人として、イアン・D・サティ（Ian D. Suttie）という人物はどれくらい日本で知られているだろうか。筆者は、サティはイギリス対象関係論の祖というだけでなく、現代の関係性理論家の系譜に入れてもよいと思うくらい大きな貢献をした精神分析家の一人と考えているが、日本ではその存在や考え方はほとんど知られていないようにも思う。『精神分析事典』（2002）を参照しても、そこに彼の名前は載っていない。彼の考え方は、イギリスでも、クラインの考え方が広まっていく精神分析の政治状況の中で、対象関係論を代表する理論としてはあまり重視されてこなかった。今となっては、彼の考えはむしろ、現代自己心理学や関係精神分析の人たちによって注目されていて（Shaw, 2001; Stolorow, Atwood, & Orange, 2002; Hoffman, 2011）、彼を対象関係論の代表者の一人として位置づけてよいのかどうかも疑問と思われるところである。改めて彼の考え方を見てみると、本書の中核的思想になっている現代自己心理学や関係精神分析のルーツの一つが見えてくるかもしれない。

1　サティの人物像と現代性

サティは一八八九年にスコットランドのグラスゴーで生まれ、医学教育もスコットランドでうけた。彼は、第一次世界大戦に従軍したのちに精神医学の専門医になり、やがてロンドンに移って、タビストック・クリニックの一員となった。彼は、タビストックの創設者であるクライトン＝ミラーやフェアバーンとともに、スコットランドを代表する精神分析家とされている。彼の著作は *The Origins of Love and Hate*（Suttie, 1935）として一九三五年に出版されたが、残念なことに、彼はそれが出版される直前に四六歳で亡くなった。この書籍は彼の単著だが、妻のジェーンとの共著の章も含まれている。この本は、日本語にも翻訳されている（『愛憎の起源』國分康孝他訳、初版一九七七年）。

サティは、フロイトの汎性欲説や原子論的視座[4]にはっきりと反対し、当時の伝統的フロイト派精神分析に対して認識論的革命をもたらした人である。彼は、人間を基本的に動かす動機づけ力となるのは、フロイトが考えるような生得的な性欲動や攻撃衝動ではなく、「愛の対象を求めること」だと考えた。彼は、個人の人格は、性欲動や攻撃衝動をどのように処理するのかによって形成されるのではなく、対象との関係の性質によって形成されるもので、さまざまな精神病理や不安も、対象との関係の性質を理解することなくとらえることはできないと主張する。

またサティは、治療者による過去の体験の解釈やそれに基づく患者の洞察が治療の決め手となるというフロイトの考えにも、はっきりと反対を表明している。彼は、もし治療者が、患者への「『啓蒙』や『再教育』、『説明』の治療的限界」（p. 194）を知らず、『罪の告白とその許し』や『超自我の過酷さの緩和』という概念」（p. 194）を念頭に治療を進めるならば、充分な治療的展開が得られないだけでなく、再外傷体験をもたらすことになるだ

4　すべての物質は非常に小さな、分割不可能な粒子（Atom　原子）で構成されているという仮説のもと、さまざまな現象を理解しようとする視座のこと。

ろうと述べる。彼の考えでは、患者の神経症的な苦しみは、**相手から愛され、自分が相手に愛を提供することを受け入れてもらいたい**という、基本的な動機づけが裏切られたことから生じる。彼にとって、「啓蒙」や「再教育」、「説明」、「罪の告白とその許し」、「超自我の過酷さの緩和」を念頭に置く治療者は、「**感情から離れて**知的・哲学的『解釈』に逃避」（p. 198, 強調は原文）するか、患者を心理的に鍛え、葛藤を乗り越えさせようとするだけである。彼にとって、精神分析治療で治療者が念頭に置くべきものは愛や信頼といったものである。彼は、精神分析家の多くは、現代人に広く見られるように、やさしさを克服し、自らを心理的に鍛え、葛藤を乗り越えることをよいことと考える「やさしさへのタブー」にとらわれているために、フロイトの治療法や考え方自体に潜んでいる問題点を充分に認識することができないと主張した。

サティがこのような考え方を提唱したのは、一九三〇年代前半である。それを考えると、彼の先進性には目を見張るものがある。彼の考え方は、直接的には愛着理論のジョン・ボウルビィに受け継がれ、フェアバーンやウィニコット、哲学者マクマリーに影響を与えている（Clarke, 2006）。人間の本質的な対象希求性や分離不安、それによる遊びや文化などの人間活動、宗教などの社会活動の展開といった、のちの対象関係論を導いていく中核概念の起源は、彼の著作の中にほとんど網羅されている。また彼は、最近になってようやくその価値が認められるようになったフェレンツィの思想の重要性も、すでに認識している。それには、彼の妻ジェーンがフェレンツィの著作（Ferenczi, 1926）の翻訳者だったということも影響しているだろう。彼は、フェレンツィの「治療者の愛が患者を治す」という言葉を好み、幾度もそれを自分の著作に引用している。アメリカ大陸では、ウィリアム・アロンソン・ホワイト（William Alanson White, 1937）が彼の書籍の書評を記しているが、その中でホワイトは、サリバンもおそらくサティの業績を知っていただろうと述べていることから推察すると、彼の考えは、対人関係論にも何らかの影響を与えていると言ってもよいだろう。もっと驚くべきことは、コフートがおよそ四〇年後に展開することになる自己心理学の中核的価値観、防衛や怒りの適応的側面、治療者の共感不全、自己愛の独自の発達ラインなどの考え方や、近年の乳児研究が明確にした乳児の対象との積極的かかわりや自他の認識についても、暗黙裡にではあるが、彼の著作の中にほとんどすべて網羅されていることである。彼が長生きをしていたらどうなっただろうか。フェレンツィの運命を考えると決してよい絵を描けるわけではないが、もしそうだったとしたらイギリスの対象関係論の構図にも大きな変化があったかもしれない。サティに関していえば、対象関係論の祖というよりは、ウィニコットやコフートとともに、関係精神分析の歴史的系譜に位置づけたほうが、その貢献の価値が明確になるのかもしれない。

２　サティの心の理論

サティの心の理論の中核的思想はどのようなものだろうか。彼の文章は決して読みやすくはないが、その論述は非常に緻密で、論理的、哲学的である。彼は、当時の伝統的精神分析の中核概念を一つ一つに明らかにし、その矛盾や問題点を丁寧に解説している。彼は主に、文化人類学や歴史学の知見に基づき、自らの主張を組み立てていく。サティが述べることすべてをここに示すわけにはいかないが、その基本的な考え方の一部を並べてみよう。

Ａ　乳児は生得的に性的・攻撃的な存在というわけでもなく、生まれたときから母親と性的に結びつこうとしているわけでもない。乳児は生まれたときから関係を求める存在であり、自分が母親を愛していることを母親に受け止めてもらい、自分が母親から愛されていることを確認したいと願っている。

B　心理的発達段階は性感帯の変遷に対応するものではなく、母親からの分離の性質の変遷に対応するものである。母親との愛による結びつきが裏切られることが発達的トラウマになる。

C　怒りや憎しみは、人間の原始的で動物的側面である攻撃衝動から生じるのではなく、愛の対象との結びつきが確認できない関係性において生じるものである。怒りは、自分が求める関係性が得られないことに対して他者の援助を求める強い主張、あるいは、他者の注意を自分にひきつけようとする最大の努力である。憎しみは、分離不安を感じさせ、自分を脅かす対象への反抗で、孤独から身を守る方法である。

D　分離不安を解決する方法によって精神病理や性格傾向が分類される。

E　人間の社会的、宗教的、文化的活動は、性欲動や攻撃衝動の抑圧または昇華ではなく、人間が基本的に持っている自律的行動である。

F　心や脳は、もともと多様性を持つもので、多重の心は病的な現象ではない。

重要なのは、サティが考える人間の心は、生得的衝動によって動かされるものでも、ファンタジーとしての内的対象や内的対象関係によって支配されるものでもないことである。むしろそれは、本質的に対人関係的で、常に実際の他者との関係やそこでの葛藤や苦しみ、喜びの中で動的に変化するものだと理解される。その意味で、ファンタジーとしての内的対象関係の中核的概念を精緻化し、フロイトが対象との関係を発展させる力として想定した「衝動」の概念を基本的に踏襲しているクラインとははっきりと異なっている。もちろん、彼の考えには、現代の視点から見れば、一者心理学的だとも思われる記述や、関係性に含まれる複雑で動的な展開を充分に考慮していない部分も見られる。たとえばそれは、人間の基本的な動機づけ力を愛による結びつきを求める生得的な欲求とするところや、幼少期の母親との関係を決定的に重視するところなどである[5]（Suttie & Suttie,

1932）。しかし、彼が理論を展開したのが一九三〇年代だったことを考えると、それも不思議なことではない。むしろ、その時代にこのような考えを展開したことのほうが驚嘆すべきものである。

サティが人間の心をとらえる視点は、社会構築主義的（Berger & Luckmann, 1966）である。彼は、人間の心理を理解するうえで、精神分析家は「心というものを、まるで、一つの独立した自己完結的存在で、標準化された存在であるかのようにとらえすぎる傾向」（p. 4）があり、文化や社会を単純な個の集合体であるかのようにとらえすぎると批判する。そして彼は、文化人類学者は「制度を生み出し、制度によって形作られる人間の心についてほとんど触れることなく、社会的組織や社会的行動を記述しようと」（p. 5）しすぎると批判する。彼は、「心は社会的で、社会は心理的なもの（Mind is social and society is mental）」（p. 5）であり、心や社会の科学は、両者の相互関係において追究されなければならないと明確に述べている。その記述は、現代から見ると明瞭さに欠くものの、精神分析家が扱っている心理的現象が他から区別された患者の心理的構造から生じるものではなく、他者や集団とのかかわりの中で弁証法的に構成されているものであることを強調するものである。この記述から見ても、彼が考える「対象との関係」は、生得的な性衝動と攻撃衝動に基づく幼少期の対象との関係にまつわるファンタジーとしてのものではないことがわかる。彼がとらえる人の心は、他者との関係の中に浮かび上がり、他者との関係を構成するものなのである。

5　このような側面は、のちにボウルビィ（Bowlby）の愛着理論として結実する。ミラー（Miller, 2008）は、「愛着」や「安全基地」という言葉は、サティがボウルビィに与えたものだと主張している。

3　サティの精神分析治療理論

サティは、当時の伝統的精神分析の治療理論に内在する問題点を指摘している。フロイトの理論によれば、神経症や精神病理の中核は、生得的な性衝動や攻撃衝動にまつわる無意識の葛藤の処理の失敗である。その前提で描かれた精神分析の理想的治療作業は、治療者の「正しい」解釈を通して、患者が無意識的衝動や無意識的葛藤を洞察することである。それによって患者は、自分の内的衝動とその葛藤への耐性を高め、悪い衝動性の統制を行うことができるようになると期待される。それに対してサティは、二つの問いを立てる。第一の問いは、治療的作業は、本当に解釈と洞察だけなのだろうかというものである。そして第二の問いは、治療者が、患者が自分の内的衝動とその葛藤への耐性を高め、悪い衝動性の統制を行えるようになることを期待することは、本当に望ましいことなのだろうか、というものである。

サティは第一の問いに対し、精神分析療法の中で実際に展開しているのは、解釈と洞察だけではないと主張する。彼は、伝統的精神分析技法を用いている治療者も、患者とのかかわりの中で知らず知らずのうちに二つの見方を提供していると述べる。ひとつは、「あなたが悪いと思っていることは、小さい頃には悪いことだったかもしれないが、今は別に悪いことではないから気にすることはない」という見方、もうひとつは、「あなたが悪いと思っていることは、確かにそうかもしれないが、それは人間であれば誰もが背負うどうしようもないものだ」という見方である。そして、そのような治療者の見方は、言語化されなかったとしても、何らかの形で患者に伝わっているとする。つまり彼は、精神分析の治療作業には、知的な洞察や過去の再構成だけでなく、治療者による患者への説得や勧告、暗示といった側面も含まれていると主張しているわけである。さらに彼は、患者の心に対して治療者が真摯に注目することを求める精神分析は、そのような態度そのものにも、治療的因子が含まれているとも述べる。たとえば、治療者は患者の情動に完璧に応答することはないかもしれないが、それでも、自分もまた似たような経験で苦しんだことがあることを患者に何らかの形で伝えることで、仲間意識という愛情を提供することになる。丁寧に辛抱強く話を聞く治療者の姿勢は、母親と乳児との間に見られるような愛情関係の一部を提供しているとも言うことができる。彼のこの視点は、精神分析理論が仮定し前提とする治療因子以外の要素を認めようとする点で、非常に画期的なものだといえるだろう。

第二の問いに対してサティは、患者が自分の内的衝動とその葛藤への耐性を高め、悪い衝動性の統制を行うことができるようになることを期待する考え方は、治療者が、暗黙のうちに、悪いのは患者のほうで、自分は葛藤を克服した良い存在だという構えをもって治療状況に臨むことへと繋がると指摘する。彼は、そのような考え方によって、治療者が自分の持つ「やさしさ」や「愛」の治療的影響を否認することを危惧するわけである。彼はそのような治療者の構えを、「やさしさへのタブー」と呼ぶ。彼は、（当時からみた）現代社会には、やさしさをタブー視して、それを克服することが心理的成熟であるという文化的価値観があり、その中にある治療者は、愛ややさしさによって患者が変化したり、治ったり、関係が安定することに対する基本的な不道徳感を持っていると主張する。彼は、治療者は、知らず知らずのうちに受身性や冷淡さを良いものと考えやすく、愛を必要としている患者を惨めな敗北感や傷つきにさらしていると警告を発しているのである。ただ、サティは、精神分析も、少しずつ、愛ややさしさの治療効果を暗黙に認め始めているとも述べている。

サティの治療理論の中核は、愛情のギブ＆テイクのバランスである。患者は、他者から愛されない、あるいは、求められないことに苦しむか、自分の愛を他者に受け入れられないことに苦しむ。重要なのは、彼は、子どもや患者が、**他者から愛されないことにだけ苦しむと述べたわけではない**ことである。彼は、子どもや患者は、

自分の提供する愛が他者に受け入れられないことにも苦しむと述べているのである。つまり、愛の双方向的なバランスが問題だというわけである。彼の考えでは、他者が自分の思い通りになるものではなく、それ自体が主体性をもった存在であることに早々に気づく子どもは、他者から愛されることを確認するか、あるいは、自分の愛が受け入れられることを確認することで、外傷的な分離不安を避けることができる。その両者はどちらかがあればよいというものではなく、その両者のバランスによって成り立っている。治療者はそのバランスに対して敏感な態度を維持しながら、患者に対する自分の愛情の向け方が患者の精神病理に深く影響していることを認識し、やさしさへのタブーにとらわれずに、患者との間に信頼と愛を結んでいく必要がある。

協調しておきたいのは、サティが母親を、子どもに愛を与えたり、子どもの愛（や怒り）を受け取ったりするだけの対象ではないと考えていたことである（Suttie & Suttie, 1932）。彼の考える母親は、子どもに愛を与えようとする意思と、子どもの愛を受け取ろうとする意思を持った主体的な他者である。現代の視座から見ると、これは、自他の主体性の相互承認論（Benjamin, 1991, 1995; Hoffman, 2011）や至適な応答性（Bacal, 1995, 1998, 2006; Bacal & Carlton, 2010）、提供モデル（岡野 1999）、相互的発見理論（Togashi, 2012）とも通じるもので、革新的な考え方であったことがわかる。

サティの論述は、さらに、現代の視座からするといわゆるインプリシット・プロセス（Beebe & Lachmann, 2002; Fosshage, 2009）と呼ばれるコミュニケーションの次元にまで及ぶ。彼はこう述べる。

声の高さや響きが重要で、言葉が愛を生み出すわけではない。反応の速さ、理解の絶妙さ、同調的な情緒反応、（意地の悪いものではない）笑い声でさえ、態度、眼瞼（目）の広がりと形、瞳の拡大、涙の量と顔色や表情、その他もろもろ、それらは、**一つ一つは意味がない**ものでありながら、調和された全体像としてみると直感的に意味が理解され、私たちの中に喜びと勇気を含む反応を生み出すものである。(Suttie, 1935/1966, p. 58. 強調は原文)

現代のインプリシットな次元のコミュニケーションは、それに参加する二者の双方向的な調整のプロセスを意味するものである。サティの記述は、厳密に言えば一方向的かもしれない。一方が他方のそのような次元での表現を通して、どのように愛を認知するのかという説明にとどまっているからである。しかし、何度も強調するように一九三〇年代にこのような記述がなされたことは驚嘆すべきことである。彼がこの次元に注目していたということは、彼が考えていた精神分析治療プロセスの中核が、患者の中にあるファンタジーとしての内的関係を扱うものではなく、現実の他者との実際の関係を扱うものであることを示している。

サティの事例には、愛に飢えながら、愛を決して信じることがない一九歳の患者とのやり取りが描かれる。患者はサティの愛も信じないが、サティ自身も、感傷的で子どもっぽいやさしさに対してひどく不寛容なために、自分の実際の態度が四角四面で、事務的、感情を感じさせないようなものになっていたことを認め、それが彼女の妄想的な症状につながっていたことを認識する。彼は、精神分析家の態度には、抵抗分析や解釈、洞察と再構成といった、精神分析理論が仮定している治療因子以外の治療的影響力を持つ側面があることを積極的に認める必要性を説き、ときには治療者が受身的になることなく、積極的に患者に対して愛情を提供することに意味があると説いたのである。このような視点は非常に現代的で、彼以降の対象関係の緒理論でも、充分には議論されていなかった部分である。

4　サティの問題点

サティ（Suttie, 1935）の *The Origins of Love and Hate* は、精神分析臨床と理論との乖離について述べる章で終わる。彼はこう述べる。

> 精神分析の実践的側面は、（フロイトの）精神分析的メタ心理学の源泉であったわけでも、精神分析理論によって成り立っていたわけでもなく、ただ言葉の上でだけ、実践と理論が結びつけられているだけにすぎない、というのが私のもう一つの主張である。実践が多様化していったために、それを結びつける本体となる理論が臨床家のニーズに合致する形で生み出されてきただけなのである。（Suttie, 1935/1966, p. 205）

この記述は、二つの意味で重要な指摘である。ひとつは、精神分析の治療実践には精神分析理論がスポットライトを当てていない治療的側面があり、それが大きな治療効果を生んでいるという指摘である。これは、先に述べたように、サティが解釈や洞察といったもの以外に治療的意味を見出したことに関係している。もうひとつは、精神分析理論は、治療実践のための技法を導き出し、その妥当性は、治療プロセスによって証明されるはずだという前提で構築されているが、実のところ、それはフロイトが考えた心理的モデルを記述するためだけの理論で、治療実践の技法を提供するものではないという指摘である。これらはいずれも、関係精神分析や現代自己心理学が注目するところのものである。たとえば、一つ目の問題については、岡野（2008）がドードー鳥の原則をひいて詳しく説明しているように、現代の精神分析は、あらゆる心理的な治療理論には、その理論が規定していない他の治療因子があると考えている。二つ目の問題については、アメリカではグリーンバーグ（Greenberg,1981）が、日本では吾妻（2011）が、「記述」と「処方」という言葉で精神分析技法論が本質的に有しているる問題をさらに深く議論している。

この問題は、タビストックでのちに行われた実証研究にも反映されている。タビストック・クリニックにインテークに来た患者たちの中で、その後クリニックに来ることはなく、精神科医や心理学者の治療を受けることがないまま過ごしていた人たちが、その後その問題を解決していたのかについての調査研究である（Malan et al., 1968; Malan et al., 1975）。わかりやすくいえば、「患者はほおっておいても治ったのか」という調査研究である。彼らはその調査の際に、症状の有無による評定基準と、（対象関係やパーソナリティなど）力動的評定基準の二つで評価している。対象者はタビストックのインテークの後、二回以上精神科医や心理学者に面接を受けていない人たち二八四七人の中で、ロンドン近郊に住み調査協力を受け入れてくれた四五人である。インテークから経過した時間は、最も短い人で二年、最も長い人で七年であった。研究チームの評定結果によれば、その五一パーセント（二三人）に症状改善、二四パーセント（一一人）に力動的改善が見られ、二二パーセント（一〇人）に症状消失、四パーセント（二人）に力動的問題の消失が見られたという。その結果は、症状は自然に消えるものの、力動的な改善が簡単ではないことを示すものになった。

ここには、二つの点で興味深いテーマが含まれている。第一の点は、改善をもたらした要素の問題で、治療を受けずに良くなっていた患者の体験を聞くと、タビストックでのインテーク面接のときに治療的な体験を得られていたか、あるいは（それに加えて）、インテーク後の普段の生活の中で、他の誰かに「治療的」応答を与えられたという体験をしていたことである。つまり、解釈や洞察以外にも治療効果を生み出す要素があったことが明らかになったわけである。

もう一つの点は、研究者たちの評定の問題である。研究チームの分析家たちによる評定は、同じスクール（学派）であるにもかかわらず、精神分析概念による力動的改善の評定であまり一致せず、分析概念には関係ない改善要素の評定で容易に一致した。つまり精神分析的に記述された内容は、それを用いる分析家によって評価が異なり、必ずしも一定の心理的側面を描き出していないことが示されたわけである。

この研究に参加したバコールが、サティの貢献を非常に高く評価する分析家であることを考えると、サティの議論がどれだけ未来を見据えたものだったのかがわかる。残念なのは、サティがこのような問題を指摘したのち、それらは愛の治療効果を認めることによって解決されると結論づけてしまっているところである。つまり、それまでの精神分析理論が理論化せずにいて、その背景として治療効果を生んでいたのは治療者の愛で、それまでの精神分析が治療的方法を明確にできなかったのは治療者の愛の提供だという結論である。先に述べたように、彼の論考は、常にさまざまな角度から一見二律背反的に見える概念を丁寧に説き明かしていく側面がある。そういった意味で、筆者は、彼が「愛」という言葉で、治療因子をひとつに限定してしまったとは思わない。しかし、彼の論述が最終的にそこに集約されているのは間違いないことで、フロイトのもともとの考え方に対比させて、一方を否定し、一方のみを一般化されうる真実としてとらえようとする傾向があったことは明らかである。そして、その愛の体験は他者との関係に展開するものであることが強調され、内的体験は、相対的にあまり重視されていない。サティが述べるように、愛のやり取りが関係の性質を作るのであれば、それは実際のやり取りとともに、内的体験としてのやり取りも含まれ、それが動的に変化し、相互に影響を与え合うものになっているはずである。しかし筆者から見ると、彼は「愛」という言葉でそれを言い切ってしまったがゆえに、その愛が関係に浮かび上がるような、実際の他者との対人関係と、両者の内的体験である対象関係との相互的な関係を十分に述べることができなくなっている。当時の時代背景から考えて、彼がそのように主張するようになったのは理解できることだが、現代の視点からすると、それは彼の考えを限定してしまっていたともいえるだろう。

第7章
意識の二重性――ミアーズの発達理論

フロイト（Freud, 1905）は、神経症とは、人間が必然的に通過する精神性的発達段階による葛藤の産物だと位置づけた。発達理論は精神分析という学問体系を構成する中核的要素の一つである。しかし、伝統的精神分析の発達理論は、二つの意味で批判を受ける。一つは大人の（病的）心理状態から幼少期の発達状態を類推してモデル化することに対する批判であり、もう一つは、現在の問題を過去に求める直線的還元論に対しての批判である。前者は、乳幼児期の患者そのものを精神分析的に治療したわけでもないのに、大人の言葉で子どもの心理を説明してもよいのか、というものである。後者は、現在の問題や状況をすべて過去に還元できるのか、という主張である。

そのような中で、いわゆる「精神分析のパラダイム・シフト」以降の精神分析家たちは、精神分析に発達理論があることの意味について、内省を求められることになる（吾妻 2011 参照）。それは、自己心理学でも同じだった。コフート（Kohut, 1971）は独自のメタ心理学を構築していく中で、自己の発達についての考えを整理したが、彼の死後、現代自己心理学者たちは、コフートの発達理論が持つ問題点を指摘していく。彼らにとって、コフートの発達理論は必ずしも十分なものではなかったのである。

１　コフートの発達理論

コフート（Kohut, 1966, 1971, 1977）は、独自のメタ心理学を発展させていく中で自己の発達を定式化した。自己愛パーソナリティ障害の治療から始まった彼のモデルは、当初、「自己愛」の発達を想定していた。彼の最初の考え方によれば、生まれたときの乳児は、母子一体的な全能感に満ちている（Kohut, 1966）。しかし、子ども自身の認知能力が発達し、母親の不可避的な失敗を体験する中で、子どもは、自分が全能ではないことを知る。それは子どもにとって、非常に大きな自己愛的傷つきをもたらす。それは、自分が本質的に無力で、誰かの助けがなければ生きていけない存在であり、明日自分がどうなるのかさえわからないことを意味するからである。その傷つきを修復する手段として、子どもは二つの道のいずれかを取ることになる。一つは、誇大性に向かう道で、その感覚の中で、子どもは自分に価値や力があることを改めて確認していく。もう一つは理想化に向かう道で、子どもは、自分に力がないとしても、大きな力を持った親の傍にいることで存在が保証されていることを確認していく（Kohut, 1966, 1968, 1971）。コフートは、自己愛パーソナリティ障害の人が示す「転移」を「鏡映転移」と「理想化転移」に分類したが、それぞれに対応する発達の方向性としてその二つを仮定したのである。

やがてコフートは、「自己愛」は必ずしも病的なものではないと考えるようになり、彼がとらえようとしているものも「自己愛」ではなく「自己」なのだと認識するようになる。そして彼は、「自己」という構造体を想定したメタ心理学の構築に向かった。彼の「自己の心理学」は、誇大性の極と理想化の極を想定した「双極性自己」として結実する（Kohut, 1977）。そのモデルの中では、自己という構造体は、そのどちらかの極を中心にオーガナイズされる。両方が十分に発達することは極めてまれで、多くの場合どちらかが傷ついた状態にある。人は、ある程度発達した一方の極を使って健康に過ごしていく（「代償構造」）。彼はそれを「子どもは自己の強化へと向かう機会を二度持っている――病的な程度にまでいたる自己の障害は、これら二つの発達機会の両方に失敗することによってのみ、生じる」（Kohut, 1977, 邦訳 p.146）と表現する。最終的にそこに、双子自己対象体験が凝集する「才能と技能の極」が加えられ、彼の自己の理論は三極性の自己となる（Kohut, 1984）。

コフートは、この三つの極の発達的な順番を想定していたようである。彼の記述からは、彼が誇大性の極（鏡映体験）は母親との関係、理想化の極（理想化体験）は父親との関係、才能と技能の極（双子体験）は兄弟や友人との関係を想定していることを読み取ることができる（Kohut, 1977）。彼は、人間の発達もその順番をたどると考えていたようである。ただ、彼はそう明言したわけではない。表向きには彼は、それぞれの体験（極）が、母親、父親、兄弟といった関係に必ずしも対応するわけではないと述べている（Kohut, 1977）。しかし、全体として彼の記述を見ると、彼がそうした発達的な順番を想定していたのは間違いないだろうと思われる。

現代自己心理学者たちは、それぞれの概念が意味する体験を考えてみると、発達に関するコフートの仮定には無理があると指摘する（Basch, 1994; Strozier, 2001; Teicholz, 1999）。なぜならば、誰かとの間で鏡映体験を得るには、その相手が理想化されていなければ意味がなく、その相手を理想化するためには「人に囲まれて生きている人」として定義されるような双子体験（Togashi, 2009, 2012; Togashi & Kottler, 2012b, 2015）が得られていなければ成立しないからである。つまり、双子体験と理想化体験、鏡映体験は互いにオーガナイズしあう関係にある。概念自体の定義に含まれている意味と、コフートが考える発達的順番には矛盾がみられるわけである。三つの自己対象体験は、一つの自己対象体験を獲得したのちにその上に別の自己対象体験が積み重ねられるといった漸成的なものではない。そうした意味で、彼が想定した発達段階を、現在の自己心理学者がそのまま採用することはほとんどない。

筆者は、コフートの発達に関する最も重要な示唆は、別の部分にあると考えている。それは、彼の「テレスコーピング」(Kohut, 1971, 1977, 1979) と「ヴァーチャル自己」(Kohut, 1977) という言葉に含まれている。筆者にとって、これは、彼の自己心理学が現代のシステム理論や関係性の理論に発展していったことを理解するために、極めて重要な概念である。

テレスコーピングとは、早期のトラウマ記憶に関する認知的オーガナイゼーションを発達的に後期の記憶の中に見出すことを意味するものである。それは防衛的なものではなく、後期の似たような体験を通して初期のトラウマ体験が一定の形に輪郭づけられるという重要な心理的プロセスを意味している。その文脈の中では、トラウマ体験は、特定の時期に固着したものではなく、発達史の中に織りなされるようにちりばめられているもので、初期の体験の意味は後期の似たような体験によって異なる意味づけをされながら再オーガナイズされ続けている。言い換えれば、彼は、発達的トラウマ体験を、現在も進行し続ける心理的プロセスとしてとらえたわけである。この考え方は、ラックマンらの「モデル・シーン」という考え方に引き継がれている (Lichtenberg, Lachmann, & Fosshage, 1992; Beebe & Lachmann, 2002)。

「ヴァーチャル自己」は、子どもの「私」という体験は、母親の中にすでにヴァーチャルに存在していることを意味するものである。驚くべきことに、コフートは、コンピューターのヴァーチャル世界がほとんど知られていない時代にこの言葉を使っている。彼は、子どもは生まれる前からすでに「私」という体験を持っていると述べる。「私」という体験は、母親や父親が「この子はこういう子だろうな」と、頭に描きながら誕生を待ち構えている中に存在するというわけである。そして、子どもは生まれてすぐに、まだ理解できない言葉でたくさん話しかけられ、自分の表情をさまざまな言葉で解説される。それは、親の中にすでに生き生きと存在している子どもの「私」という体験である。残念ながらこの非常に重要な言葉は、その後の自己心理学の中でもあまり注目されていない。筆者は、この考えは、あとに紹介するラッセル・ミアーズの「二重の意識の自己」の考えの中に受け継がれているととらえているが、ミアーズ本人はそのことを意識していないようである。

2　現代自己心理学が注目する発達理論

ミアーズの考え方を紹介する前に、現代の自己心理学がどのような発達理論に注目しているのかを、簡単にレビューしておこう。

ここ数年の間に自己心理学者の間で取り上げられることが多い発達理論には、ベアトリス・ビービーらの自己調整と相互交流調整の動的システム理論（Beebe, Jaffe, & Lachmann, 1992; Beebe & Lachmann, 1988, 1994, 2002; Beebe et al., 2005; Beebe et al., 2010）、アラン・ショアの神経精神分析・神経生物学と呼ばれる情動調整に関する脳の活動の発達理論（Schore, 1994, 2001a, 2001b）、そして、このあとで取りあげるミアーズの二重の意識の流れの理論（Meares, 1993, 1999, 2000, 2001, 2004, 2005, 2012a, 2012b; Meares & Graham, 2008）などがある。これらはいずれも、行動の（手続き的）プロセス、情動調整のプロセス、自己体験のあり様のプロセスについて、さまざまな実証研究のデータを用いてモデル化した理論である。ビービーらの研究は、四か月の子どもと母親との対面遊びを二つのカメラで撮影し、それを十二分の一秒以下のサイクルで緻密にコード化したものを解析することで、通常では目に留まることがないインプリシットな次元での相互交流をモデル化した。ショアの研究は、乳児の脳が発達するプロセスで、母親の情動調整の方法がどのように伝達されていくのかなど、ｆＭＲＩを用いたデータからいくつかの次元での発達を仮説化している（岡野

2013 参照)。ミアーズは、ピアジェの幼児の語りの研究や、近年の神経心理学が明らかにする「右脳の言語的能力」「右脳と右脳の対話」のデータを引用しつつ、自らも調査したさまざまな心理学的、脳生理学的、神経心理学的、認知心理学的データを複合的に用いて理論を構築している。いずれも、愛着理論の発展とともに、愛着のタイプとの関係の中で論じられている。

これらの理論には二つの特徴がある。一つは、これらが、幼少期の母子関係のあり様や発達上のトラウマから、将来の子どもの精神的健康状態を予測するモデルになっていることである。もう一つは、幼少期の関係のあり様を通して得られた新しい視座を大人の治療に応用し、精神分析家と患者のやり取りの中でも、これまで気づかれなかった相互交流を認識させてくれるモデルになっていることである。

たとえばビービーによる一連の研究によれば (Beebe et al., 2010)、四か月の頃の相互交流のあり様は、一年後の愛着のタイプを有意に予測する。ある研究では、一歳時点の愛着のタイプは、大人になったときに境界性パーソナリティ障害のような行動的問題を有意に予測するという結果が示されているので (Lyons-Ruth, 2008)、それらの結果をつなげれば、四か月時点での相互交流のあり様は、遠い将来の精神的問題を予測すると考えることができる (Beebe et al., 2010)。

ただ、ここで重要なのは、この考え方が、現在の患者の精神的問題を過去の状態に還元できることを意味しているわけではないことである。つまり、幼少期の状態は未来を予測できるかもしれないが、大人である患者が過去にどんな状態であったかを示すものではない。さらに、この考え方が直線的になっているわけではないことも重要である。彼らは、乳児期の相互交流のあり方が境界性パーソナリティ障害を統計的に有意に予測することができると述べているだけで、必ずそのようになると主張しているわけでも、過去に健康な母子関係をもっていた人が境界性パーソナリティ障害にならないと主張しているわけでもない。

彼らの研究は、これまで気づかれなかった相互交流の次元を明らかにした。ビービーらの研究では、言葉を十分に使いこなすことができるようになってからでは純粋に抽出することができない行動上の（手続き的な）やり取り、ミアーズの研究では、自分を記述する内省的言葉を十分に発達させてしまってからでは詳しく検討することができない意識の流れに注目している。精神分析の治療者は、これらを知ることで、普段は意識することが少ない側面に意識を向けることが可能になり、それを臨床的に利用することができるようになるわけである。これは、従来の精神分析のように、大人の臨床例から発達仮説を構築する方法では、決して得られることができない知見である。

3　ミアーズの自己の発達理論

ラッセル・ミアーズはオーストラリアの精神科医、神経科医、精神分析家である。彼はイギリスのロバート・ホブソンから教育を受け、ホブソンが発展させた「会話モデル（Conversational Model）」（Hobson, 1985; Margison & Shapiro, 1986）を、彼独自のきめ細かな実証的臨床研究を通して洗練させた（Meares, 2000, 2004, 2012a, 2012b）。ミアーズの会話モデルは、「『私』の体験のあり様」に関する発達の考え方をもとにして構成されたもので、会話モデルそのものは自己心理学的な精神分析とは相容れない部分もあるとしても、発達の考え方自体は、コフートが十分に発展させることができなかった自己の発達理論を具体化したものと言えるかもしれない。

精神分析や心理療法における会話モデルの意義や位置づけについての議論は、本章の範囲を超える。ここでは、その概略を述べるにとどめておく。会話モデルは、期間（八週間など）を限定して行われることもある力動的心理療法である。それは，いわゆる「重い」患者を想定して作られていて，実際的，対人関係的，関係論的でありながら，その手続きがマニュアル化されていることが特徴的である。イギリスでは，その簡略版である「精神力動的対人関係療法（Psychodynamic Interpersonal Therapy, PI）」（Startup & Shapiro, 1993; Guthrie, 1999）が定式化され，治療的有効性が実証されている。抑うつ，身体心理的問題，境界性パーソナリティ障害などについて，統制群を用いた研究や認知行動療法との比較研究が行われており，前者では有意に治療効果があることが実証され，後者では認知行動療法と同じ治療効果があることが示されている（Shapiro & Firth, 1987; Shapiro, Rees, Barkman, & Hardy, 1995; Guthrie, 1999; Barkman et al., 2008）。興味深いのは，認知行動療法との比較研究では，**力動的心理療法をしたことがない認知行動療法家**が行ったＰＩでも，認知行動療法と同じ治療成果を上げていることである。

会話モデルやＰＩは，症状を作っていると思われる対人関係的問題を積極的に特定する。治療者は質問形式ではなく，意見を述べる形式でのかかわりが求められ，治療者は「私」や「私たち」を主語に使って自分の感じたことを積極的に伝えながら，二人が協働作業をしていることを強調する。そこでは，治療者の言葉は，解釈ではなく仮説である。治療者は，自分が間違っている可能性も含めて患者に意見を伝え，患者と折り合いをつけながら答えを見出していく。治療者はまた，メタファーを積極的に用いる。こうしたやり方が，かなり細かくマニュアル化されている。それは，一般的な精神分析と共通する側面とそうでない側面を含んでいるが，治療者が「私はこう思う」を積極的に口にし，患者がメタファーを持ち出す前から治療者がそれを創り出すところや，対人関係の問題を直接的に取り扱うところは，確かに伝統的精神分析とは異なる。治療方法のマニュアル化，統計的手法による治療効果測定，短期治療の実施などについては，議論も多いところだろう。

オーストラリアで発展したミアーズの会話モデルも同じように構成されているが（Haliburn, Stevenson, &

Gerull, 2009)、意識と記憶、インプリシットな手続き的知識の発達がより強調される。彼の会話モデルは、「会話の内容」よりも、「会話に表れる関係のあり様と患者の自己体験のあり様」にアプローチする。そこで特に重視されるのは、会話の「形」、つまり言葉が用いられる関係性の形である。言葉は音韻（phonology）、語彙（lexicon）と構文（syntax）からなっているが、彼が重視するのは音韻である。それはトレバーセン（Trevarthen, 1974）が言うところの「原会話」を構成する要素である。治療者は、そこに注目しながら、患者の意識の二つの流れの断絶をつなぐプロセスを作るために、肯定的な情動と結びつくメタファーを用いることが求められる（Meares, 1993）。

ミアーズの発達理論が自己心理学にとって重要なのは、コフートが理論化できなかった「自己」の発達プロセスを描き出したことである。もしかしたらそれは、コフート自身が理論化した自己のメタ心理学や発達理論よりもずっと、コフートが考えていたものに近いものかもしれない。

ミアーズはまず、コフートは「自己」の定義をしなかったと指摘する（Meares, 2000, 2012a, 2012b; Meares & Graham, 2008）。そして彼は、境界性パーソナリティ障害やトラウマによる精神的問題を抱えた患者の治療を念頭に置き、ウィリアム・ジェームズが述べる「自己の二重性」を参照しつつ、「意識の二重の流れ」と自己の発達をモデル化した。その自己は、コフート（1977）が概念化したような構造としての自己ではなく、プロセスとしての自己である。

ミアーズは、人が自分の体験をとらえる作業は、「外の何かに注意が向いている意識の流れ」と「外の何かに注意が向かず内側に向いている意識の流れ」の二つと、それらをつなげるプロセスによって行われると考える。彼はこの二重の意識の流れについて、ときに「外的な流れと内的な流れ」と述べたり、ときに「（他者から）知られている流れと（自分が）知っている流れ」と述べたり、「直線的理論的な社会的流れと非線形で非論理的な自分の中の流れ」、あるいは、「他者の意識と自分の意識」と述べるなど、一貫した言葉を使っていない。その点で、彼がとらえている二つの流れが、どこまでの範囲を意味するのかはわかりにくいが、俯瞰してみると、外の動きや他者に注意が向き、そこで知覚されたものに思いを巡らせる流れと、外側には注意が向いておらず、自分の中で思いを巡らせている流れといった、二つの意識を想定しているようである。前者は自分を見ている他者の意識の流れと深く関係したもので、後者は対象化された他者を見ている自分のそれと関係している。健康な場合、自己は、この二つの流れを調整しつつつなぐ（coupling）第三の流れとしてオーガナイズされる。そして彼は、トラウマ体験を持つ患者や境界性パーソナリティ障害の患者は、これらの相互的調整がうまくできなくなっている状態だとした。そのような患者は、どちらか一方の意識の流れに縛られて柔軟性を失っているというわけである。

二重の意識の流れの発達

ミアーズ（2004）は、意識の二重の流れは、表1のような順番で発達すると考える。生まれたばかりの子どもは、まだ二重性を獲得していないが、母親が二重性を提供している。ミアーズはその母親の機能を「二重化すること（doubling）」と呼んでいる。母親は、生まれたての乳児にも成長した子どもと同じような心の流れがあるかのような言葉で話しかけ、子どもがそう答えるだろうと想定されるようなやり方で、母親自身が子どもの声を代弁する。「どうしたのかな……暑いのよね……あら。ママと話してうれしいですねー」といった声掛けがそれにあたる。つまり、母親自体が意識の二重の流れを持ちながら子どもにかかわっているというわけである。

二か月もすると、子どもと母親との間には「原会話」（Trevarthen, 1974）と呼ばれるものが成立する。それは、言葉の意味する内容というよりも音韻（phonology）を中心したやり取りだが、そこにはすでに、大人

表１　遊びにおける「二重性」の発達的スキーマ（Meares, 2004, p. 57 より。一部改変）

年齢	やり取り	二重性の表れ方
誕生	会話遊び	子どもといる母親の二重性
2 － 3 か月	原会話	二重である他者としての母親（養育者）
10 － 12 か月	模倣	子どもは体を用いて二重性を創る
18 か月 － 4, 5 歳	象徴遊び	子どもは自分が話している相手に対して、抽象的または空想的二重性を創る（二重である他者の体験と子ども自身の投影を凝縮したもの）。移行領域。
4 － 5 歳	内的会話	二重性は内的なものになる

の会話と同じようなリズムやトーンの相互調整が見られる。母親と子どもは、情動状態やリズムの取り方を調整し合うが、そこでは互いが単純に相手に反応しているわけでも、互いの表情やトーンをコピーしているわけでもない。どちらも、相手の状態に注意を向けながら、自分の状態もそこに含めつつ相手に応答しているのである。つまり、母親側から言えば、子どもの「私」が表れる情動状態に母親自身のそれがマッチされているが、そこには母親の「私」も含んでいるという意味で二重になっている。重要なのは、それが単純なジョイニングではないことである。トレバーセン（Trevarthen, 1983）は、母親は子どもに比して往々にして応答が多いと述べているが、母親は子どもの表情を映し返すときでも、自分の感情のあり方やとらえ方、意識の流れをその応答に含めつつ、「増幅」させながらそれを行うわけである。

一〇か月にもなると、子どもは身体能力の発達とともに模倣を始めるが、ここにも二重のやり取りがある。相手の状態に注意を向けた意識と、自分の状態に注意を向けた意識をつなげながら行われる作業である。一八か月くらいからは、子どもは活発な象徴遊びをするようになる。相手がいないところでぶつぶつ話をしたり、誰かと会話をしたり、一人で人形と遊んだりするが、そのときに母親が普段言葉にしているのと同じことを発話することがある。「内的スピーチ」と「社会的スピーチ」が未熟な状態で交差している状態である。ミアーズは、そのような活動をしている子どもは、他者がいない場面でも、他者とともにいるときの感覚で満たされていると述べる。遊びは、外に注意が向いている意識の流れと、注意が向いていない意識の流れとを結び付けるものだというわけである（Meares, 2000, 2001, 2012a, 2012b）。

ミアーズ（2000, 2005）は、いわゆる二重の意識の自己が完成されるのは、四歳頃だろうと考えている。その頃になるともう、子どもはぶつぶつと独り言を言いながら親の口真似をしたり、空想の話と実際のやり取りを混ぜながら話したりすることはなくなる。二重の意識が完全に内在化された状態である。この二重の意識は、関係論でいう「二重の自己」や「多重の自己」とは異なる次元の概念である。自己はこの二重の意識の流れを結び付ける作業の中に第三の体験のあり様として出てくるもので、関係性の文脈の中で変化し続けるプロセスではあるものの、その体験のあり様が複数になっていることそのものを概念化したものではない。

二重の意識の病理

ミアーズら（Meares, 2005; Gerull et al., 2008; Meares, Schore, & Melkonain, 2011）は、境界性パーソナリティ障害やトラウマによる病理は、この二重の意識の流れが失われた「非二重的な意識」によるものだと述べる。彼は、境界性パーソナリティの人の多くに、幼少期のトラウマ体験があるという実証データを参照しながら、これらの病理は幼少期の実際のトラウマ体験の影響によるものだと考える。

トラウマによって意識の二重性が失われると、患者は、内省的な意識の流れにアクセスできなくなり、外側への注意にとらわれてしまう（過剰警戒）。彼らの語りからは、情動的色彩が失われ、認知された事実としての話が語られるだけになってしまう。二つの意識の流れを同時に体験する言葉が失われた状態である。

たとえば、健康な場合、人は他者と会話をするなかで、自分の内的な出来事を語りながら、「うーん、なんというか、～という感じと言えばいいのかな……」などと言葉にするだろう。その言葉は、単純に自分の中の意識

表２　記憶のヒエラルキー（Meares, 2004, p. 61 より。一部改変）

記憶のタイプ	年齢	内省の程度	叙述的対非叙述的
遠隔エピソード／自伝的記憶	４歳	内省的（自伝的）	叙述的
近時エピソード	２－３歳	？	叙述的
概括的エピソード（エピソード）	２－３歳	【内省的気づきの部分が最もトラウマに弱い】	叙述的
意味（事実）	１歳終わり	非内省的（気づく）	（２歳で）叙述的【トラウマ記憶が貯蔵されるが、記憶として認識されない】
手続き的（運動）	早期	非内省的（気付かない）	非叙述的
手続き的表象（感覚）	誕生時		

の二重性を示しているだけではなく、それによって関係性をも構成するようなものである（Meares, 2004）。この場合、会話をしている二人は、互いの結びつきを感じながら理解を共有し、注意を自分の内側だけに向けるのではなく、二人の間に生じた他の何かにも向けている。ミアーズ（2004）は、これを「融合」とは異なるものとして「一緒性（at-one-ness）」という呼称をあてる。それは、他者とともにありながら自分自身の世界が保たれ、一人でいながら孤立の痛みによって苦しめられないプロセスを意味している。ミアーズとアンダーソン（Mears & Anderson, 1993）やミアーズ（2000）は、このような体験は、時間をかけて成立する「愛着」とは異なり、ときには一瞬にでも相手との間に成立するようなものであるとして「親密性」と呼ぶ。彼らによれば、境界性パーソナリティ障害は、トラウマによって、このような関係性のプロセスが失われたことと深く関係する。

ミアーズは、この病的状態を記憶の発達段階とも結び付けている（表2）。彼によれば、トラウマ記憶は、もともとの出来事のエピソードを情緒的に扱う記憶システムにアクセスすることができなくなっている状態である。つまり、内省的な意識の流れによって構築される記憶の部分にアクセスできないため、記憶されるのはもともとのトラウマの事実（認知されたもの）だけになるというわけである。しかもそれは、記憶の中でも時間の体験と深く関係した部分であるため、そこにアクセスできなくなると、過去のことが現在のこととして位置づけられてしまう。患者がストーリーを語ったとしても、トラウマの記憶システムは、トラウマの事実にしかアクセスできないため、治療関係の中に作り上げるのもそれに従った「予定される領域」だけになる。その中で患者は、治療者をトラウマのもととなった対象のように体験し、予測し、恐れるようになる。ときには、治療者も実際にそのように行動し、試行し、かかわることになるかもしれない。しかし患者は愛着を失うのが怖いため、トラウマの再体験であるにもかかわらず新たな関係に進めない。ミアーズ（2000）はこのような患者の執着を、他者への愛着ではあるものの、相手との親密さが体験されていないことから「非親密的な愛着」と呼んでいる。

臨床的示唆

ミアーズは、発達理論と臨床理論をどうつなげているのだろうか。それを整理するために、最近筆者が観察した二歳半の女の子と母親のやり取りを紹介しよう。

女の子は、魔女ごっこをするときにほうき代わりに使っている棒を持ってきて、小首を傾げて「かわいいでしょー?」と母親に言う。母親はそれを見て「だめよ、そんな小さなほうき。お母さんのほうきにしなさい。嵐にも驚かずにちゃんと飛ぶわ」と応答する。女の子は不満そうな表情を浮かべながら、仕方なく棒を母親に渡す。でも、その表情には、やり取りの楽しさが浮かんでもいる。そして、母親から渡された大きめの棒を仕方がないという表情で受け取る。

実はこれは、宮崎駿監督の『魔女の宅急便』（1989）の一場面である。母親に聞くと、このやり取りは初めてのことだそうである。つまり、女の子は自分が見て記憶した場面を心に浮かべながら、現実の関係性とダブらせて母親をその遊びに誘ったわけである。母親は即座に子どもの意味することを理解し、映画の中の母親と同じように振る舞う。二人ともそれが遊びであることはわかっているので、女の子は映画の中の女の子と同じような不満な表情を浮かべながらも、そこに遊びの楽しさも表現している。

内側と外側の意識の二重の流れは、この遊びを通して一つのまとまりとなって女の子と母親に体験されている。これがミアーズの言う二重の意識の流れである。程度の差はあれ、子どもは生まれたときから、このような二重の意識の流れの中にあり、それを一つのまとまりとする作業を通して自分を体験する。まずは母親が、まるで子どもの中にはっきりとした体験があるかのように語りかけ、やがて、二人の間に二重のリズムやパターンが構成され、やがてここに挙げた例のように、子どもは自ら作り出した二重の世界に母親を招待する。

ミアーズによれば、子どもの自己体験を促進するのは、母親が、子どもの様子から自分の理解やリズムを修正する作業、自分がとらえた子どもの心を積極的に言葉にする作業、自分からメタファーを使って子どもを遊びに誘ったり、子どもが招待した遊びの世界に入っていったりする作業である。患者の問題がこの二重性の停止から生じているものならば、治療者の仕事は、自ら積極的に自分がとらえた患者の主観的世界を言葉にしたり、相手の話を聞いてそれを修正したり、自分からメタファーを使ったりしながら、二重の流れを動かすこと、ということになる。

筆者がみていた三十代の重度の摂食障害の患者は、自分の気持ちを感じ取ることが困難で、他人の要求に合わせてしまう傾向があった。彼女は他人に利用されることが多く、そのために状態を悪化させた。彼女（患）と筆者（治）は、あるときこんなやりとりをしている。

患：何だかわからないけど、男に誘われるままにそこに行きました。セックスはしましたが……大したことはありませんでした。ただ、強引に移動させられて、いろんなことをさせられました。でも何かを感じたというわけではないです……。

治：ぼくから見ると、何かを感じているので、今こうして何かを話し出しているのではないかと思います。

患：そうでしょうか。

治：誘われるままとか、強引に移動させられたとか、……そうですね。ぼくの言葉でいえば、ロープに縛られているような感じとか……。

患：相手に引っ張られていたと言えばそうですね。

治：たとえば、誰かがあなたを繋ぎ止めておいてくれるならば、引っ張りまわされることはないのでしょうけど。

筆者は会話モデルの訓練を受けたわけではないが、ミアーズの話を聞いたときに、このシーンをすぐに浮かべた。治療者が見た彼女を彼女に伝え、彼女はそれを通して内側の体験に少しアクセスする。それをつなげたのは、治療者から持ち出したロープのメタファーである。それは、彼女の体験した体の感覚と内側の感情的体験、そして、彼女が観察した男の態度をつなぐものとして用いられた。セッションは、ロープの象徴的な意味を利用しつつも、患者の言葉を使って進められている。そこには、治療者が十分に彼女を繋ぎ止めておけなかったことに関する思いも含まれている。ミアーズは、治療者が、これを意図して用いることを推奨している。

現在、新しい研究法の発達とともにさまざまな発達理論が互いに影響を与え合いながら発展している。そこには新たな知見が続々と生み出されているが、精神分析が臨床理論である以上、それはつまるところ治療に直接的に役に立つものでなければならない。特に私たちは、それを大人の治療にどう活かすことができるのかを考えなければならない。

4　おわりに

先に述べたように、近年の発達理論は、従来のように大人の問題を幼少期の関係に直線的に還元するようなものではない。しかし、近年の発達理論も、幼少期の特定のパターンがその後を予測するという見解を含まないわけではない。使い方次第では、それも、現在の状態を過去に還元するための理論とされてしまう可能性がある。現代の自己心理学者たち（Orange, 1995）は、客観的な治療者が原因を当てるという意味での「解釈」の概念を捨て、精神分析作業を「意味了解の共同作業（make sense together）」と考えるようになった。その考えの中では、精神分析は、治療者と患者が、間主観的な領域の中で、患者の主観性をとらえて、整理し、それを言葉にしながら体験を意味づけていく作業だとされる。第2章で詳述したように、現在の現象をみて、そこに理由を探索する作業と、意味を探索する作業は大きく異なる。前者は過去に求められるもので、後者は未来に求められるものだからである（Orange, 私信；Togashi, 2014b）。過去の体験がある程度今を構築していることは事実だとしても、それはプロセスの中にあるもので、その土台の上に、関係の中で織りなされた新たな体験の意味が加えられなければ将来への希望は育たない。近年の発達理論であっても、治療者がその違いを認識しない限り、それまでの発達理論と同じことになってしまう。精神分析家は、その違いを認識しながら両者を統合して臨床に生かすことを求められるのである。

第8章　動機づけシステム理論

「動機づけシステム理論」は、一九八〇年代にリヒテンバーグ (Joseph D. Lichtenberg) が骨格を描き、その後ラックマン (Frank M. Lachmann) とフォサーギ (James L. Fosshage) が加わって臨床的検討を重ねて作られた現代自己心理学の理論モデルである (Lichtenberg, 1988, 1989, 2001; Lichtenberg & Kindler, 1994; Lichtenberg, Lachmann, & Fosshage, 1992, 1996, 2010; Fosshage, 1995)。彼らの理論は、それまでの精神分析の動機づけ理論とは基本的に異なっている点がある。それは、彼らの理論が「私たちが何によって動かされているのか」あるいは「何が私たちを動かしているのか」を、主に記述したものではないことである。それが主に記述しているのは、「私たちがどのようにしてある方向に動いていくのか」である。

「何が動かしているのか」と「どのように動いていくのか」には、非常に大きな違いがある。特に、臨床的にそれを問うときはそうである。前者は患者を動かしているものを特定しようとする作業になるが、後者は、患者や治療的関係性がある方向に動いていくプロセスを探索しようとする作業になる。そこには、臨床的視座に大きな違いが生じる。

精神分析は、さまざまな言葉で、人を動かしているものを特定しようとしてきた。それは、それが、いわゆる「こころ」の重要な一側面であり、精神分析的治療関係を成り立たせているものだからである。たとえばフロイトは、人を動かしているものとして、性欲動を仮定した（Freud, 1900-01, 1905）。のちに彼はそこに「攻撃衝動」（Freud, 1920, 1930）を加えるが、それもまた、人を動かしている力であり、精神分析的治療関係を成り立たせていると仮定される力である。やがて、精神分析にもさまざまな理論が出てくるようになってくると、それとは異なるものを仮定する人たちも出てくる。対象関係論の精神分析家の一部は、それを「対象希求性」（Fairbairn, 1952）とか「愛」（Suttie, 1935）、「一次愛」（Balint, 1968）と呼んだし、マズロー（Maslow, 1970）は「自己実現（self-actualizing)」、コフートら伝統的自己心理学者は「自己対象ニード」（Kohut, 1984; Wolf, 1984）と呼んだ。これらはいずれも、人を動かしている力を定義したものである。

しかし、動機づけシステム理論を中心とする現代自己心理学が記述しようとしているのは、「人がある方向に動いていくプロセス」である。「動機づけシステム理論」は、二者関係の中で個人がどのように内的・外的情報を処理し、どのように情動（affect)、目標（goal)、意図（intention）を展開し、その過程でその人がどこへ動いていくのかを記述しようとしたものである。それは従来の自己心理学が探索してきた次元、つまり、自己対象ニードが人を動かし、それが治療関係を作っている、という次元とは異なる記述である。

1　プロセスとしてみた動機づけ

「何が人を動かしているのか」と「どのようにして人がある方向に動いていくのか」という二つの視点自体は、決して新しいものではない。前者が、wish, need, longing, seeking などの言葉で語られてきたものならば、後者は regulation や negotiation という言葉で記述されてきたものである。フロイトも同様である。彼の「心理学草案」（Freud, 1895a）は、非常に機械論的で不十分なところを含む実験的な論考だが、何人かの研究者が指摘しているように、そこにはすでに彼のメタ心理学の基本的な考え方が含まれている（Ellenberger, 1970; Quinodoz, 2004）。彼は、外的・内的な刺激によって生じた内的な緊張や興奮が、ホメオスタシスという生得的な原理によって個体内で自動的に調整される、という神経線維の特徴に注目したが、人間の心には、それだけでは説明できない調整システムがあることも認識していた。彼は、人の行動、思考、空想、夢が動くのは、外的な刺激が生体内で量となって調整され、質へと変容されるプロセスによるものだと考え、それを心の基本的な様相ととらえたのである。

フロイト（Freud, 1895a）はそこで、心がどのように動いているのかを説明するシステムとして、五つのニューロンを仮定した。ニューロンと言ってもそれは、実際の神経細胞の種類を意味しているわけではない。それは、彼が臨床的観察と思弁から組み立てていった仮想神経システムである。五つとは、ϕニューロン、ψニューロン、ωニューロン、分泌性ニューロン、運動ニューロンである。フロイトはこの組み合わせによって、神経の（刺激）量$Q\dot{\eta}$の内的調整が行われる仕組みを説明したのである。ϕニューロンは外界と繋がった唯一のニューロンで、外界の（刺激）量Qを取り込んで、内的な量$Q\dot{\eta}$を筋肉組織とψニューロンに透過させる。それは透過性ニューロンと呼ばれ、神経の生得的特性だけを用い、量の流入によって高ぶった興奮をゼロに戻す最も単純な調整システムである。ψニューロンは、外界とは直接繋がっていない。それは、ϕニューロンと異なり、接触壁を持っている非透過性ニューロンで、$Q\dot{\eta}$を滞留させることができる。$Q\dot{\eta}$の大量の通過は痛みや不快をもたらすものだが、生体はそのニューロンが持つ滞留という特性を用いて興奮を調整することができる。このとき、接触障壁を$Q\dot{\eta}$が無理に通過した痕跡が記憶で、量がすべて放散されずにニューロンに滞留することを備給と呼ぶ。重要なのは、一定量の$Q\dot{\eta}$を備給しているψニューロンは、自由に移動して側方の他のψニューロンと結びつくことが可能なことである。こうした特性を使うと、量$Q\dot{\eta}$を一つのニューロンに大量流入させずに済む。ωニューロンは、知覚や情動といった刺激の「質」を処理することになるニューロンである。外部からの刺激を受容したψニューロンの中に生じる興奮（量Qή）は、ψニューロンがωニューロンと通道すると、主にωニューロンへ質的な側面として流入していく。フロイトの考えによれば、生体内には量Qήを分泌できる分泌性ニューロンがあり、ψニューロンはそれによっても興奮させられる。ψニューロンは、それが外界から流入したものなのか、生体内の記憶と結びついて流入してきたものなのかを区別することができない。しかし、外と内の量を区別できないのは、生体にとっては危機である。たとえばそれは、おっぱいをたくさんもらって空腹を満たした知覚（外）と、口唇の刺激を感じた感覚（内）を区別できなくなってしまうことを意味する。それでは、子どもは口唇の刺激を想起するだけで空腹を満たしてしまい、死んでしまうことになる。そこで人は、現実的に満足を得るためのシステム、つまり知覚と空想とを区別する機能を発達させる。

フロイトが考え出したこの心的装置は、生体内の量を統制することで、内的な興奮状態を急激に高まりすぎないようにしたり、下がりすぎないようにしたりする調整システムである。興奮量が高くなることが不快の状態で、それがゼロになることが快の状態である。それは、不快を調整する中で心が動き、どのようにして人の心が動かされていくのかというプロセスを描いたもので、その強調点は「人を動かしている何か」にあったわけではなかった。

つまり、「調整（regulation）」は、動機づけのプロセスそのものでもある。しかしこの言葉は、学派ごと、分析家ごとにいくつかの意味で非常に広く用いられていて、混乱して用いられている傾向がある（Brothers, 2008）。そのため、訳語にも「調整」「調節」「制御」「調制」などがあり、文脈によって使い分けられている。

たとえば後年のフロイトは、「こうした変動から快・不快の感覚の繰り返しが生じ、それに従って心的装置全体がその活動を調整」（Freud, 1926b, p. 200）すると述べ、現実原則に従って行われる外的環境と内的衝動のすり合わせを調整と呼んでいる。

ハルトマン（Hartmann, 1939）は、フロイトの内在化の概念を発展させ、外の対象による調整の機能が自律的な自己調整機能に置き換わることの治療的意味を論じている。シェーファー（Schafer, 1968）は、本能衝動も自我機能も個人の行動についての調整効果を持つものだと述べている。グロートスタイン（Grotstein, 1986）も同様に、本能衝動は個人の体験を意味づける「基本的調整者」であると述べたうえで、自我の防衛機能は「心的調整膜」を形成すると主張する。ジェイコブソン（Jacobson, 1964）は、子どもの発達の中で自己愛的な追求が内的な緊張を高めると、「超自我は、外界とは独立した自己表象へのリビドー・攻撃性の備給を調整するための自律的な中枢システムへと発達する」（邦訳 p. 123）と述べ、超自我による自我の調整が個人の気分や情動、活動に影響を与えるプロセスを記述している。

伝統的自己心理学は、自己体験、自己感覚、自己の融和性といったものの調整に注目した理論である。自己愛パーソナリティ障害の治療から出発したコフートは、彼らが表現する空虚感、矮小感、誇大感、不安全感に取り組んだが、こうした体験は、自我心理学的な用語では十分にとらえることができないものだった。それは、欲動や攻撃衝動の調整によってのみ説明し得るものではなく、「自己」と呼ばれるような体験がしぼんだり、大きくなったりすることを調整するメカニズムを考えなければ説明するのが難しい。コフートはそのような体験を調整するメカニズムとして、当初は自我を想定し（Kohut, 1971）、やがて「自己というシステム」（Kohut, 1977）を仮定したが、最終的にそれは、他者の体験とともにある自分の体験である「自己 - 自己対象体験」というプロセスそのものにあると考えるようになった（Kohut, 1978, 1984）。「自己対象ニード」という概念は、人を動かす力を意味しているが、彼の「自己対象体験」という考えは、他者との関係の中で人がどのようにしてある方向に動かされていくのかをとらえようとしたものである。

こうした歴史的流れの中で，近年の乳児研究や間主観的な相互交流のプロセス理論（Emde, 1983; Tronick & Chon, 1989; Tronick 2002; Beebe & Lachmann, 2002; Pickles & Shane, 2007; Fosshage, 2004, 2005; Knoblauch, 2009; Schore, 2005, 2013; Stolorow & Atwood, 1989; Orange, 1995）は，さらに調整の意味を拡大し，それを二者関係上の調整システムや，観察可能な行為‐手続き的随伴性（contingency）を意味するものとして用い始めた。加えて彼らは，そのような相互交流の中で進んでいく情動のバランスを意味するものとしてもその言葉を用いる。つまりここで，精神分析は本格的に，外的，内的情報をいくつかの次元で処理しながら，さまざまな目標や意図，情動を展開する二者が，どのようにして互いに動いていくのかを記述するようになったわけである。動機づけに関する精神分析の関心は，「人を動かしている個人の中に固定された何か」よりも，明確に「どのようにして人がある方向に動いていくのか」になったのである。

2　動機づけシステム理論

そのような歴史の中で，リヒテンバーグとラックマン，フォサーギは，「調整」や「システム」という考え方を積極的に取り入れ，「人がどのようにしてある方向に動いていくのか」に関する理論を作った。彼らがその理論を追求するようになった理由の一つは，コフートの自己心理学が十分に現代の視座に適応していなかったことにある。コフートの「自己‐自己対象関係」という概念の中には，二者関係の中で調整される自己システムの中で人が動いていくという考え方が含まれていても，自己対象ニードが人を動かすという考え方は変わっていなかったからである。コフートの周辺からも，そのような考え方は，対象関係論でいう対象希求性とそれほど変わらないではないかという批判が上がった（Lichtenberg, 1989）。コフートの考え方では，自己対象ニードは人が生まれながらに持っているものである。人が人を求めたり、それが叶えられないだけで問題を起こしたりするのは、そのニードがあるためである。つまり、彼の理論は、個人の中に組み込まれた動機づけとして自己対象ニードを想定している点で構造主義的であり、一者心理学的なのである。リヒテンバーグは、二者心理学的な側面と、個人の中に組みこまれた側面と、どちらも考慮しながら、人が動機づけられるプロセスを追いかけるための新たな考え方を作る必要性を感じた。

理論的概要

動機づけシステム理論は二段階の歴史を持っている。始まりは、リヒテンバーグ（Lichtenberg, 1989）が記したPsychoanalysis and Motivationである。彼はその中で、動機づけシステムを五つに分類した。それは、①生理的要請の調整、②愛着と共同参加、③探索と主張、④嫌悪性、⑤身体感覚的快感と性的興奮、である。その考え方を精神分析臨床に活かす方法を細かく解説したのが、*The Clinical Exchange: Techniques Derived from Self and Motivational Systems*（Lichtenberg, Lachmann, & Fosshage, 1996）［邦訳：角田豊監訳『自己心理学の臨床と技法』2006］である。

しかし、彼らの理論は誤解された。たとえばゲント（Ghent, 2002）は、この考え方は、基本的に精神分析をフロイトの考え方に戻そうとするものだと批判している。この五つの動機づけシステム理論は、個人の中にもともと埋め込まれている性的興奮の追及や、愛着欲求、他者への反発の欲求などを認めるものだったからである。そのためそれは、性欲動や愛着、攻撃性に関する現代版の理論だと誤解された。

リヒテンバーグとラックマン、フォサーギは、その誤解を解くため、より精密な動機づけシステム理論を構築する。それが*Psychoanalysis and Motivational Systems: A New Look*（Lichtenberg, Lachmann, & Fosshage, 2010）である。これはもう、五つの動機づけシステムによって人が動かされているというような、単純なモデルではない。人が動いていく目標や意図の七種類と、情報処理過程の五次元、そして、それらを繋ぐ情動とメタファーが複雑に影響を与え合うシステムにおいて、人が動いていくプロセスをとらえようとするモデルである。

図1は、動機づけシステム理論を木にたとえたものである。枝になっている部分が人を動機づける目標や意図の七種類である。それは、①生理的要請に対する心的調節（physiological regulation）、②個人への愛着（attachment to individuals）、③集団への親和性（affiliation with groups）、④養育（caregiving）、⑤探索と好みや能力の主張（exploration and assertion of preferences and capacities）、⑥身体感覚的快と性的興奮（sensuality and sexuality）、そして⑦引きこもりや敵意を用いた嫌悪的反応（aversive responses of antagonism and withdrawal）である（訳語は角田 2013から）。これらは目標や意図であり、それ自体が人を動かす生得的なエネルギーを仮定しているわけではない。それは、人が動かされていく方向性と目標の種類を挙げたものである。

そうした方向性が展開される基礎的なプロセスとなっているのは、図1で根として示されている五つの情報処理システムで、それは、①知覚（perception）、②認知（cognition）、③情動（affect）、④記憶（memory）、⑤再帰的気づき（recursive awareness）である（訳語は角田 2013から）。五つのシステムは、どれか一つが働いているというものではない。強弱や、前景背景という違いはあっても、常にそれぞれが何らかの形で働き、互いに影響を与え合っている。外的な情報が知覚されたときには、それがどのような種類のものか認知され、これまでの記憶と照らしつつ、体験のまとまりとしてオーガナイズされる。そのオーガナイゼーションに大きな役割を果たしているのは情動である。

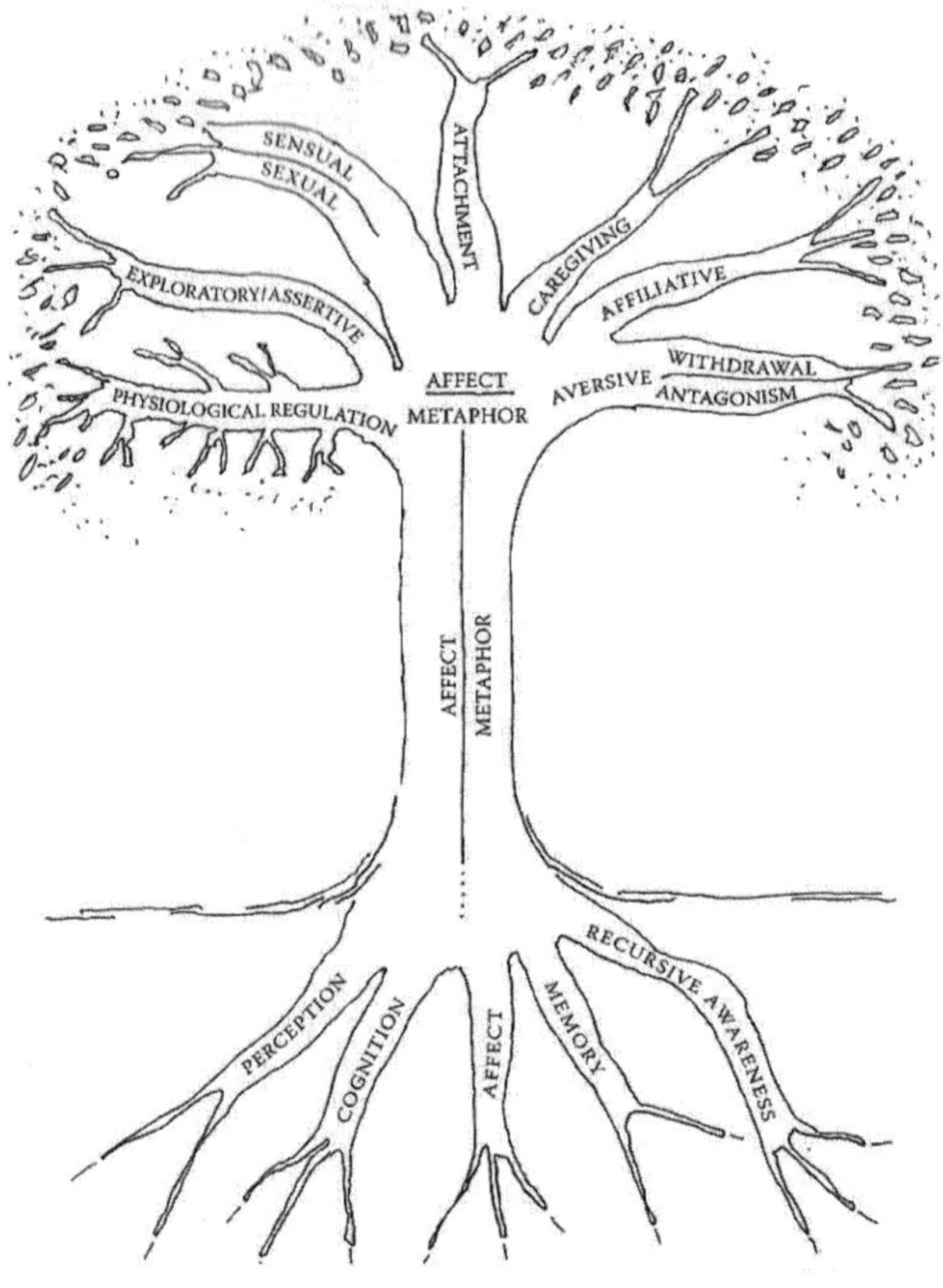

図１　動機づけシステムのアナロジー
(Lichtenberg, Lachmann, & Fosshage, 2010, p. 51)

そうした情報処理システムは、主に情動とメタファーによって、七つの目標や意図と結び付けられている。この目標や意図も、同じように、どれか一つのみに向けられるというものではない。これらは常に互いに影響を与え合っており、次々と処理される情報が情動とメタファーを通して伝えられてくるたびにバランスが変化し、どれかが強調されればどれかが背景に退く。しかし背景に退いた目標や意図がなくなるわけではなく、どこかにありつづけ、状況に応じて前景に出てくる。もちろん、情報処理システムのバランスも、目標や意図のバランスに随伴して変化する。目標や意図のバランスと同様に、どの情報処理システムが前景にあり、どれが後景になるのかは刻々と変化し続ける。

人が動いていくプロセスは複雑なもので、何か一つの力によって動かされているのでも、一つの方向に動かされているのでもない。しかもそれは、状況によって刻々と変化し続けているもので、一か所に留まってしまうこともない。もし仮に、その人が一つの力によってのみ動かされ、一つの方向にのみ向かっていて、それが基本的に変わることがないのだとすれば、それは重篤な病的状態である。システムが膠着した状態、いわば、心理的組織が死んだ状態だからである。この意味で、動機づけシステム理論は、非線形動的システム理論である。健康な場合、動機づけシステムは常に変化に対して開かれていて、一定の柔軟さを持ちながら変化し続けつつ、それでいながらある程度の秩序を持って展開している。そう考える点で、このモデルはこれまでの精神分析の動機づけの考え方と大きく異なっている。

さらにまた、この動機づけシステムは、その人がかかわる他者との相互的な影響の中で展開するものである。人が動いていくプロセスは、個人の中のシステムを考えただけでは追いかけることができない。それを絵にしたのが図２である。先ほどの木の図が二本並んで互いに影響を与え合っている様子を表したもので、二者関係の「間主観的なやりとり」あるいは、「動的親密性（dynamic intimacy）」を示している。これは、七つの動機づ

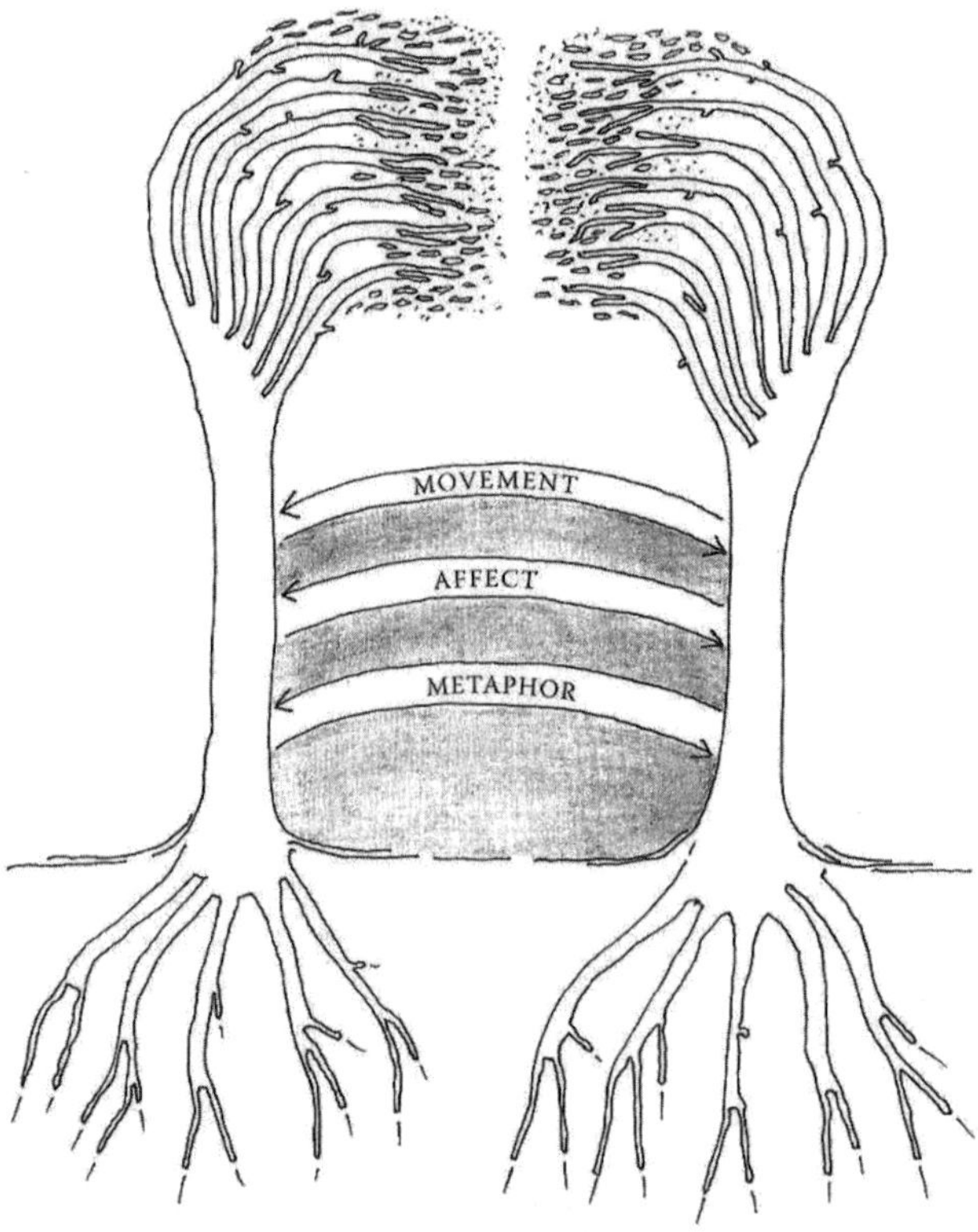

図２　動機づけの木の間主観性
(Lichtenberg, Lachmann, & Fosshage, 2010, p. 52)

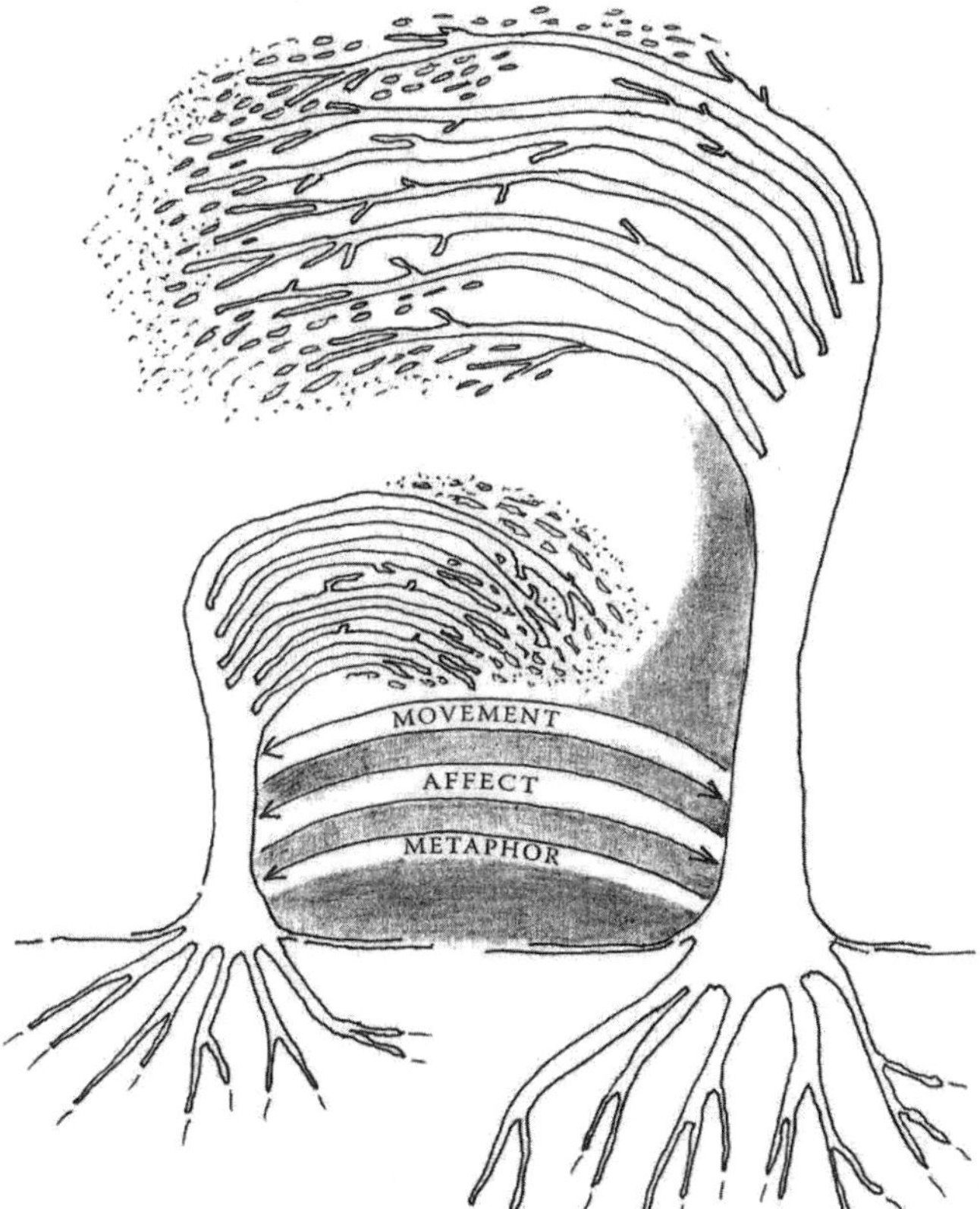

図３　親子関係の動機づけの木
（Lichtenberg, Lachmann, & Fosshage, 2010, p. 54）

けシステムの中で動いている二人が相互的な影響を与え合っている様子だが、相互のコミュニケーションや相互交流調整が展開している次元を「動き（行動）（Movement）」「情動（Affect）」「メタファー（インプリシット・エクスプリシット両次元での情報のやり取り）（Metaphor）」で示したものである。矢印で示されている三つの次元の間で薄く塗りつぶされているところは、二者が共創造している独特の情緒的雰囲気やインプリシットな手続き的知識を意味している。インプリシットな手続き的知識とは、覚醒水準や会話の間、リズム、発声の韻律、姿勢、表情、凝視など、行為‐手続き的な相互的やり取りのプロセスである。それは、その人とその人とが出会ったときに作られる、独特のやり取りのリズムのようなものに表現されることもある領域での相互交流である。図2は両者が比較的対等に影響を与え合っているように描かれているが、図3は親子関係のようなものを示していて、その場合は、両者の影響の与え合い方は等分になっていない。互いに影響を与え合うものの、その関係のプロセスを共創造するうえで、相対的に養育者が与える影響が大きいことを示している。

臨床的応用

動機づけシステム理論は、他の自己心理学的システム理論や関係精神分析理論と同様に、臨床家にある種の感性を提供しようとするものである。それを頭に置いて臨床的な現象を見ると、患者と分析家の複雑なやり取りや、瞬間瞬間の変化をとらえやすくなり、臨床的な目標もより明確になっていく。リヒテンバーグらは、それをさらに具体的な臨床上のテーマとして置き換えてみると、分析家がセッションの中で考えるべき五つの問いになるとする（Lichtenberg, 2009 も参照）。

①　何が**影響**してこの出来事が生じ、展開したのだろうか？

② 中心となっている**動機や意図**はなんだろうか？　あるいは、そこに関わっている動機や意図、葛藤している**動機や意図**、背景にある**動機や意図**はなんだろうか？

③ 現在や過去に体験した同じような出来事から、どんな**推測**が出てくるようになったのだろうか？　その推測から発展した意識的・無意識的信念はどんなもので、どんな期待が未来の知覚や予測を作り出しているのだろうか？

④ **コミュニケーションの様相**（ジェスチャー、表情、言葉、関係性、行動――いずれもインプリシットでもありえるし、エクスプリシットでもありえる）は何だろうか？

⑤ 情動や知覚、認知、行動をどのような手段で**調整**しているのか？　それは、どんな影響をもたらしているのか？

(Lichtenberg, Lachmann, & Fosshage, 2010, p. 4)

これらは、ときには、そのまま患者に対する質問として言葉にされることもあるだろう。しかし、実際に質問するかどうかが問題ではない。分析家は頭の中で、常にこのような問いを掲げながら臨床的作業を進めていく必要がある。これらは、フロイト（Freud, 1915a）やラパポート（Rappaport, 1960）、ラパポートとギル（Rappaport & Gill, 1959）が述べてきたような力動的、発生論的、局所論的、構造論的、経済論的、適応的視点を含みながらも、現代の神経学的、心理学的知見を統合する形でまとめられたもので、臨床家が瞬間瞬間に注目しているコミュニケーションの種類と質を示したものである。

リヒテンバーグの事例（Lichtenberg, Lachmann, & Fosshage, 2010）から、動機づけシステム理論の臨床的意義を見てみるとどうなるだろうか。患者は、Ｔさんという三十代の女性である。彼女はそれまで何人ものセラピストと作業をしてきたが、なかなかうまくいかなかった。いずれも最初のうちはうまくいくのだが、時間が経つと関係がぎくしゃくしてくる。リヒテンバーグとの最初の面接もとても良い雰囲気だった。専門知識を持つ彼女は、自分はＡＡＩ（成人愛着インタビュー）で安定型に当てはまるのだと述べた。実際、リヒテンバーグから見ても、面接での彼女はとても表情がよく、安定した関係を持てるように見えた。

その日のセッションが三分の二も過ぎた頃である。窓の外に鳥がさっと通ったことにリヒテンバーグが一瞬気を取られた。一瞬だけ患者から目をそらした彼が再び患者に目を戻すと、患者はうつむき目をそらしていた。彼女は、一瞬前とはまるで違う状態になっていた。それを**認知**したリヒテンバーグは、ほぼ自動的に何が**影響**したのだろうか自らに問い、そして、彼女に対する注目が一瞬途切れた**インプリシットな次元でのコミュニケーション**の変化が、彼女の状態を変化させたのだろうと**推測**した。彼が彼女に、自分が他に気を取られたことで、自分たちの結びつきが途切れたと**推測**したのではないかと聞くと、彼女はうなずく。彼女は、人が目をそらすことにひどく敏感な人だった。彼女は、自分の母親は目をそらす人で、子どもにキスをするときでさえも目をそらしていた、というエピソードを語った。

やり取りを注意深く考えてみると、Ｔさんは目をそらしていたときに、リヒテンバーグとの関係を切っていたわけではない。彼女は、下を向いたままではあったが、彼との関係を続けていた。**愛着の動機づけシステム**が退き、**嫌悪的反応の動機づけシステム**が前景に出てきただけである。つまり、かかわりの**目標と意図**が移動したわけである。前景にあるシステムは入れ替わったが、二人は結びついていた。それは、最初は性欲動によって動かされていた彼女が、今や攻撃衝動によって動かされているが、その攻撃衝動は抑制されて意識されていない、といった単純なものではない。また、彼女の中でこのようなシフトが生じたということを、リヒテンバーグと彼女がともに**認識**できたのは、愛着の領域での関係の断絶に脆弱な彼女でも、安定した**探索や主張の動機づけシステム**を維持していたからである。

愛着の動機づけシステムから嫌悪的反応の動機づけシステムへの入れ替わりは、相互的な**情動状態**の変化でもある。リヒテンバーグは、友好的で安定した愛着を示すTさんと出会い、愛着-安全が高まっていく情動状態にあった。しかし、一瞬の鳥の動きによって、彼は窓の外の動きに対する興味を高めた。その瞬間、Tさんは、愛着-安全が高まっていく状態から、嫌悪的な情動状態へと移行している。しかし彼女は、そこで感じていたかもしれない恥や抑うつ、怒りを言葉にすることができなかった。彼女のそのような情動は**エクスプリシットな領域**で展開していたものではなかったからである。リヒテンバーグは、それについての責任や罪悪感を覚えやすい状況にはあったが、瞬間的に自分の影響を把握したため、その情動はあまり高まらず、状況の探索的興味に対する関心を高めた。

　リヒテンバーグの一瞬の目の動きを知覚したTさんは、母親が視線を外すというモデル・シーンに描かれるような記憶に基づき、自分は見捨てられたのだという推測を発展させた。そのときの彼女の愛着は、安定型ではない。むしろ彼女の愛着は、無秩序型になっている。動機づけシステムの目標や意図としての愛着は、嫌悪性の動機づけシステムの背後に退いている。

　以上のようなプロセスを経て、リヒテンバーグは、今回の出来事は自分の影響だという推測を、インプリシットな水準でもエクスプリシットな水準でもとらえられるようになった。そこで彼は、目を合わせることの重要性に関する乳児研究の理論的知識や、彼が実際にかつて子どもをあやしたときの感覚を思い出すことができたという。トラウマ化された子どもが示しがちな独特な感覚（インプリシットな相互交流の特異性）を、インプリシットな次元でも、エクスプリシットな次元でも思い出したというわけである。それによって、彼の彼女に対するかかわり方が変化したのである。

3　おわりに

リヒテンバーグらの動機づけシステム理論は、精神分析家や精神分析的心理療法に携わる者に豊かな臨床的感性を提供してくれる。彼らは、自分たちの動機づけシステム理論はまだ発展し続けると考えている。動機づけシステムの次元にしても、彼らは決して七つに限るとは考えていないのである。

筆者は、彼らが十分に発展しそこなっているものを一つここに挙げておきたいと思う。それは、動機づけシステムそれ自体が「無」へと回帰されるような動機づけシステムである。筆者は以前、日本人の患者の場合、関係の中における「主体性」の強調は必ずしも健康なものではないと述べたことがある（Togashi, 2011も参照）。彼らは、非常に安心している状況では、自分が求めるものを強く押し出すことはなく、そうしたものがまるでないかのように自然で穏やかな状態を漂うことがある。それは、動機づけシステムモデルでいう「引きこもりや敵意を用いた嫌悪的反応（aversive responses of antagonism and withdrawal）」とは異なる。人は極めて安定し、深い安全感を感じている場合、健康な無風状態へと向かっていくことがある。それは、傷ついた結果の引きこもりではない。もちろん、このような状態は、病的な自己犠牲や主体性の喪失から、健康な無風状態までのスペクトラムが仮定されるだろう。当然のことながら、これは日本人に限ったことではなく、どんな人との関係にもみられるものである。ただ、日本の文化の中で、日本人どうしが仕事をしているとそれがより鮮明な形で見えることはある。

フロイト（Freud, 1920）は、死の本能という人間を動かす力を仮定したが、筆者がここで述べていることは、それと関係するものの同じものではない。第一に、「無」への回帰は人を動かす力を意味するものではなく、人がそちらの方向に向かっていくプロセスを示したものである。あらかじめ個人に組み込まれたそのような力を仮定するものではない。また、必ずしもそれは自己破壊的なものではなく、むしろ、関係性の中で他者と結びつくプロセスとして展開されるものである。筆者は、こうした次元の体験についても、治療者がもう少し意識する必要があると考えている。

第Ⅲ部

トラウマ：世の中のどうしようもないことと人間的苦悩

第9章
人間であることの心理学――コフートの苦悩

ハインツ・コフート（Heinz Kohut）は、一九一三年五月三日にオーストリアの首都ウィーンで生まれた。彼は、音楽と経済的な才能に恵まれたユダヤ人夫妻の間に生まれた一人息子で、父親のフェリックス（Felix）は第一次世界大戦に召集されるまでピアニストとして活躍し、母親のエルサ（Else）も、夫の才能を信じて歌手として一緒に活動していた。二人はともに、夜会で音楽と歌声を披露したこともある。ハインツが五歳になったとき、フェリックスは復員したが、そのときにはもう、彼がピアノを弾くことはなくなっていた。フェリックスはハインツが二四歳のときに白血病で亡くなるまで、紙の販売店を営んで成功をおさめ、家族は経済的に裕福だった。ハインツは、文化や歴史に詳しい家庭教師とともに過ごす時間を与えられ、入学したギムナジウムでも一級の思想、科学、芸術を学ぶことができたようである。ハインツは、一九三九年三月にナチスドイツの迫害を避けて出国するまで、オーストリア＝ハンガリー帝国が生み出したさまざまな芸術、思想、科学、歴史に触れて育った。

コフート個人は、あまり自分のことを語らない人として知られている（Ornstein, 2013 私信；Terman, 2013 私信；Togashi, 2014c）。彼は、講演の前になると繰り返しリハーサルを行うなど、自分をどのように見せるかにこだわっていた人で、本当の彼がどんな人だったのか、実際のところはよくわからないと述べる人は少なくない（Ornstein, 2013, 私信）。しかし、ストロジャー（Strozier, 2001）によれば、「Z氏の二つの分析（The two analyses of Mr. Z.）」はコフート自身を偽装して書いたもので、そこで語られているZ氏（＝Kohut）の体験をもとに、彼の幼少期の体験を再構成することができる。

父親のフェリックスが第一次世界大戦の戦場から戻ってから、家族は、九番地区にある市内中心部のアパートに移り住み、そこで一三年間暮らしている。フェリックスの復員は、ハインツにとって三つの点で大きな意味を持っていた。

一つはハインツの父親に対する強い理想化の再活性化である。Z氏の中で語られている夢がある。それは、父親がたくさんのプレゼントを持って帰宅し、Z氏（＝ハインツ）の部屋に入ろうとすると、少年は死に物狂いで父親の力に逆らってドアを閉めようとするというものである。ルース・アイスラー（Ruth Eisler）との古典的分析では母親との平穏な融合を打ち破る父親に対する恐れと怒りと解釈されたその少年の行動は、二度目の分析の中で、ハインツ自身によって再解釈されている。それは、少年が長い間待ち続けていた大きな期待と望みが突然かなってしまったときの恥ずかしさと恐れから思わず出てしまった行動、という解釈だった。父親は彼にとって、大きな理想化の対象であり夢のような存在だった。それが目の前に突然現れたことに驚き、少年は恥ずかしくなったというわけである。

二点目は、その父親が戦争によってすっかり別人のようになってしまっていたことである。出征とその後の戦時捕虜収容所での生活のため、彼はすっかり「老人、おじいさんになってしまった。もう同じ人ではな」（Strozier, 2001, 邦訳 p. 45）くなっていたという。つまりハインツは、理想化の相手に対する大きな期待とそれに対する大きな失望を同時に体験したのである。

三点目は、両親の関係の変化である。捕虜収容所でフェリックスは看護師と恋に落ちた。復員してから夫婦仲は元に戻ることなく、最後まで冷え切ったままだった。非常に侵入的で気分の上下の激しい母親との関係に苦しんでいたハインツだが、その苦しみに拍車をかける夫婦関係になったわけである。

母親のエルサは、自由気ままな人で、息子のハインツに対しは侵入的で操作的であったといわれている。彼女に関するよく知られたエピソードは、彼女が幼いハインツにできたにきびを強迫的にチェックし、中でもその頂点が黒くなった「黒にきび」を忌み嫌って、爪の先でそれをつぶして膿を出していたという習慣である。ハインツは痛みに耐えながら、その儀式が終わるのを待つしかなかったという。ハインツの幼少期、彼女はひと時も彼を手放すことなくそばにおいていたが、それを支持するエピソードとして、エルサは一〇歳までハインツを学校に行かせることなく、家で教育していたことが知られている。

荒っぽく車を運転しては、他の運転手と口論しているエルサの姿は何度か近所の人に目撃されている。彼女の自由奔放さは、ユダヤ人迫害の嵐が吹き荒れる中で夫を亡くした女性が一人で生き抜き、シカゴに移住してからも自分で商売を起こして生計を立てる強さのもとになってはいただろう。また、夫を亡くした彼女は自由に恋人を作り人生を楽しんでいたとも言われていて、ハインツは彼女の刹那的で過剰な注目と、突然のその注目の喪失という体験を繰り返していたことになる。コフートの著作には、たびたび、「偽精神病」だったという母親の根深い否定的な影響を受けた患者の姿が描かれることがあるが、それは彼のエルサとの体験が影響しているに違いない。彼は、晩年の母親がいよいよおかしなことを口走るようになって、かえってほっとしたと述べている。母親の認知する世界と自分の認知する世界とのズレに苦しみ、自分がおかしいのではないかと思っていた彼が、ようやく本当におかしいのは母親なのだと認められるようになったからである。

このような環境の中、ハインツにとって重要な他者が現れる。彼が一〇歳になってからエルサが雇った一〇歳年上の男性家庭教師アーネスト・モラヴィッツ（Earnest Morawetz）である。モラヴィッツは、知的で創造的なハインツの最初の友人だった。家庭教師といっても、学習机の横で勉強を教えるようなものではない。彼は午後一時になってハインツのギムナジウムが終わると現れ、オペラや美術館、画廊などに彼を連れて行った。彼は、ハインツに対して、政治や歴史の議論を持ちかけることもあった。たとえば二人は、「ソクラテスが死ななかったら、ウィーンの建築様式はどのように変化していたのか」(Strozier, 2001, 邦訳 p. 54) といった知的な遊びを楽しんでいたという。モラヴィッツはコフートにとって、母親以外の初めての親密な他者だった。

ハインツは、モラヴィッツを通して愛や親密さ、深い共感的結びつきを体験し、その中で世界を学んだ。彼らの関係は、心理的・身体的に非常に近いものだった。一部に反論はあるものの、彼らの間には時に性的な行為も含まれていたと考えられている (Strozier, 2001)。しかし、「Z氏の二つの分析」からわかるのは、仮に二人の間に性的な行為があったとしても、ハインツはそれを性的なものとしてではなく、共感や情熱、愛の結びつきだと体験していたことである。ハインツは当時、理想化の対象を失い、極端な融合的関係を持ち込んでいた母親が他の男性に気持ちを移す中で、非常に深い孤独感にさいなまれていた。彼は、ハインツにとって、まさに救世主だったのだろう。二人は同じものを共有し、互いに相手の中に自分の姿を見出せるような、特別な関係だった (Togashi & Kottler, 2013)。

青年期のコフートにとっての重要な他者は、非ユダヤ人分析家のアイヒホルン (Aichhorn) である。彼はハインツの二番目の分析者だが、最初の分析家との関係はあまり長続きしていないので、特に彼の人生に大きな影響をもたらしてはいない。しかし、アイヒホルンはさまざまな意味で、ハインツに大きな影響をもたらした。ハインツが彼を求めたのは、ユダヤ人迫害がひどくなりつつある社会情勢の中で父親を失ったときだった。アイヒホルンは「非行少年」への心理的援助で有名で、治療者が理想化の対象であることや、中立性を超えた治療者の言動に治療的な意味があることを発見した人である。米国亡命後も二人は親交をつづけ、ハインツは経済的に困窮していた彼を援助することもあったという。アイヒホルンの気さくな性格は，ハインツが亡命のために出国する直前のセッションで，「長い間カウチに横たわる君を見てきた。君がカウチに横たわる私を見るときだ」(Strozier, 2001, 邦訳 p. 96) と言って，カメラマンに写真を撮らせたというエピソードにも表れている。それが二人にとっての最後のセッションだった。

1　コフートの自己対象理論

コフートによって創始された精神分析的自己心理学は，自己愛パーソナリティ障害の患者が持ち込む治療関係の理解と，その治療的介入を明らかにしようとする試みから始まった (Kohut, 1968, 1971)。第5章で述べたように，自己愛パーソナリティ障害の患者は，治療者との間に特有の関係性を持ち込む。それが発展すると患者は，自分の問題に注目するよりも，治療者を理想化の対象として維持することに執心したり，治療者が自分の存在を承認してくれることにこだわったり，治療者と同じ世界観を持つことに執着したりする。いわゆる観察自我と治療同盟を結ぶことが難しいそういったケースは，精神分析家からは，自身の問題に向き合うことができない病的なものと評価された。

そういった関係の理論的考察を進めたコフートは，他の分析家とは異なる考え方を持つようになる。自己愛パーソナリティの患者たちが示す一見病理的に見える関係も，それを求めること自体は病的ではないと考えるようになったのである。第5章で述べたように，人は，他者を自分の一部のように体験することではじめて自分の体験をありありととらえることができる。それは，人がもともと持っている傾向である。ただ，その度合いが極端になると問題になるだけである。人は本質的に，他者の体験を通してしか自分の構造的一貫性，時間的連続性、肯定的な感情的色彩を得ることができない。他者と無関係に体験される自分は存在せず、もしあるとすれば、それは他者から完全に孤立した自分であり、それこそ病的なのである。

この理論は、コフートが両親との間で体験したことをなぞらえてみるとよくわかる。彼は、突然の再会に恥ずかしくなってしまうほど父親を待ち焦がれ、同時に理想化の対象になり得なかった父親に失望した。母親はまた、自分のことを安定した形で承認してくれる人ではなかった。彼は、理想化、そして、鏡映体験の慢性的な失敗を体験していたのである。彼の理論が示すように、人間が豊かに成長して生きていくために必要な体験を得られなかったコフートは、他者に対し、自分の一部のように自分の話にただ耳を傾けてくれたり、自分と同じように感じてくれる人を強力に求めたりするところがあった（Togashi & Kottler, 2013）。あまりにも自分の話ばかりをするので、彼を嫌う人も少なくなかったという（Terman, 2013 私信；Gedo, 1997）。

コフートはやがて、病的に見える関係も、傷ついた患者がそれを通し、自分自身が活力に満ちているとか、融和しているとか、安心できると感じるための方法が表れたものだと考えるようになる。そして、患者が修復することを望んでいるのは「私」という体験であることを認識したコフートは、自分が追求しているのはいかに「自己愛」を治療するかではなく、いかに「自己」を変容させるのか、ということなのだと理解する。この考え方は一九七七年までに結実し、彼は自らの考え方を「自己の心理学（Psychology of the Self）」または「自己心理学（Self Psychology）」と呼ぶようになった。そこでは、自己のあり方、体験のされ方が精神分析の主たるテーマとなったのである。

誤解を恐れずに言えば、自己対象体験とはつまり、自己という体験が、他者の中に存在していることを示したものである。対象関係論が自己（患者）の中にある他者や自分についての理論だとすると、自己心理学は他者の中にある自己（患者）について記述したものである。「私が元気で活力を感じられるのは、他者の目の中に自分が生き生きと映っているからである」というのが、鏡映体験である。母親や治療者が、この子（患者）は大切な存在だと体験し、そのように見ているから、私という体験が生き生きと意味を持ってくる。「私が強く安全でいられるのは、強い他者の中に自分がいるからである」というのが、理想化体験である。父親や治療者が理想化に足る存在であることによって、その人の一部となっている自分もまた強く、守られた存在だと体験するわけである。コフートがやがて用いる「自己-自己対象関係」（Kohut, 1978）は、それが具体的な対人関係の上に展開する様子を概念化したものである。言いかえればそれは、「私」は他者の主体的な体験と切り離されては存在しない、ということを示したものである。

2　コフートの性格

米国市民になったコフートは、やがて精神分析家としての人生をスタートさせる。彼はシカゴ精神分析研究所を訓練の場所に選んだ。訓練分析家はルース・アイスラーである。彼女は、コフートの生涯で三番目の分析家である。研究所の入学面接では二度も落とされたコフートだが、訓練修了後は「ミスター・サイコアナリシス」として、正統派自我心理学の分析家として活躍する。しかし、彼はやがて独自の考え方を発展させるようになる。その過程には、「コフート七聖」と呼ばれる弟子たちとの共同作業があった。すでにそのうちの二人が亡くなったが、今でも、国際自己心理学会の中ではその七人（ゴールドバーク、ポール・トルピン、マリアン・トルピン、ポール・オーンスティン、アンナ・オーンスティン、ウルフ）が正統のコフート派と考えられている。

コフートの性格は、端的に言えば、自己愛的でわがままだったといわれている。それが良い形で表現されると、彼は知性とユーモアにあふれた楽しい人になったが、悪い形で表現されると、自分勝手に人をコマのように使う人になった。アイーナ・ウルフ（Ina Wolf）は「コフートは、相手の指先と自分の指先が繋がった長い腕のような人で、相手からすると、どこで彼の腕が終わり、どこからその人の腕が始まるのかわからなくなってしまう」（Strozier, 2001, 邦訳 p. 339）と述べている。ターマン（Terman, 2013 私信）は、筆者のインタビューに対して、「理論は素晴らしかったが、わがままで嫌いだった。とても付き合いきれなかった」と述べている。コフートは電話が好きで、同じ人に毎晩、数か月に渡って長電話をすることもあった。ジョン・ゲド（John Gedo）は、そのような密着した関係を嫌い、コフートは潜在的には同性愛だと述べて、グループから飛び出している。

精神分析の新たな考え方を提唱していくコフートは、最後の一五年間を精神分析主流派からの批判の中で過ごした。筆者は、ストロジャー（Strozier, 2001）やフォサーギ（Fosshage, 2009）が述べるように、アメリカ精神分析に興ったパラダイム・シフトは、コフートによって始められたのだと考えている（富樫 2010）。それを第一段階とすると、ミッチェル（Mitchell）やストロロウ（Stolorow）らが唱道してきた関係性理論、間主観性理論の展開は（Atwood & Stolorow, 1984; Mitchell, 1988, 2003; Stolorow & Atwood, 1992）、パラダイム・シフトの第二段階である。コフートによる作業は、フロイト理論に含まれる科学的真理主義の最大限の強調を破壊したことである。当時の精神分析は、分析家は客観的視点を持った存在で、患者の心的世界は現実の歪曲で、フロイトのメタ心理学モデルは一つの真理だと考える傾向があった。コフートは、機械論的・生物学的視座を避け、精神分析の対象は「フィールドによって変わってくる内省と共感のスタンスによって」（Kohut, 1981［1982］）のみ理解される患者の主観的世界であると訴えた。彼は、私たちが行う診断や知覚は相対的なものであることを認識しなければならないと強調し（Kohut, 1981［1982］, 1984）、精神分析を飾ってきた客観主義を壊そうとしたのである。

3　コフートの晩年と人間であることの心理学

コフートは、一九七一年にリンパ腫と診断されている。最初の本である『自己の分析』を出版してすぐのことだった。診断される前から、彼は自宅アパートの前にあるグランドの周りを毎日ジョギングし、痩せ細るほど強迫的に身体を管理していた。リンパ腫に罹患してから、彼の身体はますます痩せていき、晩年は体重の多くの部分を占めていたのは浮腫の水分だったと言われている。それでも彼は、自分の考えを世の中に伝えようとし続け、死の四日前（一九八一年一〇月四日）にもカリフォルニア州で講演している。彼は、病状が同僚や患者にわからないように細心の注意を払い、ときには明らかな嘘もついた。

コフートが亡くなったのは一九八一年一〇月八日である。彼は、ようやく自分の考えを言葉に出せるようになってからの一〇年間を、リンパ腫とともに過ごした。それは、彼にとってどれだけ苦しく、無念なことだっただろうか。コフートにもう一〇年の時間があったならば、さらに大きな理論的飛躍を見せていただろう。筆者は、彼が晩年に発展させつつあったテーマには、二つの大きな柱があると考えている。

一つは、「自己‐自己対象関係」（Kohut, 1978）の考え方である。これは、自己という体験は、それだけでとらえることができず、自己対象機能を提供する他者の主観性との関係の文脈でしかとらえることができないならば、精神分析が探求すべきは自己と他者の主観性の相互関係そのものだという考え方の萌芽になった。つまり、現在の関係論、間主観性理論の土台となる考え方である。ストロロウらの間主観性システム理論、バコール（Bacal）の特異性理論、ビービーとラックマン（Beebe & Lachmann）の動的システム理論、コバーン（Coburn）の複雑系理論といった、現代自己心理学のシステム理論を牽引する各理論はコフートのこの考え方から発展したものだということができる。この詳細は、拙著『ポスト・コフートの精神分析システム理論』（2013）を参照いただきたい。

もう一つは、双子自己対象体験についてである。これは人間らしさの意味や「人間である」という体験の意味とプロセスを明らかにすることにつながっている。この柱はやがて、現代自己心理学で最近発展している「人間であることの心理学（Psychology of Being Human）」（Togashi & Kottler, 2015）や、「倫理的転回（Ethical Turn）」（Orange, 2014）の流れとつながっていくもので、筆者は同僚とともに一〇年以上この問題に取り組んできた（Togashi & Kottler, 2015）。

双子転移は、コフートの自己対象理論の中でも曖昧な位置づけにある。双子転移は、もともと鏡映自己対象転移の下位概念（Kohut, 1968, 1971）とされていたが、最後になって第三の自己対象転移に格上げされたものである。その定義は曖昧で、コフート自身も複数の定義を記述している。代表的な定義は二つで、一つは「本質的に類似した存在の前にいる実感による自己の安全感」（Kohut, 1984）で、もう一つは「自分は人に囲まれて生きている人なのだという実感」（Kohut, 1984）である。この二つは一見近いものだが、丁寧に考えてみると随分と違う。後者の定義は、単純に誰かと似ているということを超えて、人間性の中核的要素にかかわる体験に迫るものだからである。彼の早逝により、それ以上の論考は進められなかったが、筆者の考えでは、この時点ですでに、彼の主たるテーマは「自己体験」から飛び出し、「人間であることの意味」の探究となっていた（Togashi & Kottler, 2014, 2015; Togashi, 2014c, 2014d）。つまり、コフートの理論は、「自己の心理学」から「人間であることの心理学（Psychology of Being Human）」（Togashi & Kottler, 2015）の方向へと大きく舵を切っていた。

コフートの人生を振り返ってみると、彼は「自分が人間である」という体験を二度失っている（Strozier,

2001; Togashi & Kottler, 2012b, 2015)。一度目は、ドイツ文化圏の人間としての自分を否定され、ユダヤ人という烙印をおされ、人間ではない扱いを受けたときである。ストロジャー（Strozier, 2001）によれば、コフートは自らをユダヤ人というよりは、ドイツ文化圏の人間と考えていて、ドイツ文化・芸術に憧れ同一化していたという。ところが、突然ナチスドイツが進入してきて、ドイツ人たちは彼を人間ではないと決め付けた。彼の家はドイツ人に奪われ、医師免許試験を受ける自由も奪われ、公民権も停止された。

二度目は、コフートがリンパ腫と診断されてからの一〇年間である。彼は自分の身体が壊れていく中で、周りの人との正直な交流を失っていった。ストロジャー（Strozier, 2001）は、彼がリンパ腫のことを隠そうとする傾向があり、時には明確な嘘をついて自分の病状を隠していたことを明らかにしている。自分や他者に正直でいることができなくなったコフートは、他者との情緒的交流を失い、自分の理論を守ることのみに心血を注いだ。

いずれの場合も、コフートが失ったのは、自分が人の歴史の中にあり、人の中に囲まれているという実感である。彼は、亡くなる八か月くらい前から数回に分けて行われたストロジャーとのインタビュー（Kohut, 1981）の中で、自分が人間であるという感覚は、時間と集団、個人がつながった中に生じるもので、自分の周りに誰もいなくなった状況は、人間らしさの感覚を崩壊させると強調している。以下、筆者と同僚が取り組んできたものを中心に、コフートが考える「人間である」という体験がどのように概念化され得るのかを見てみよう。

4　「人間である」という体験

どう生まれ、どのように生きてきたか

コフートは「双子転移」を定義するうえで、当初それを「本質的類似性の感覚」としていたが、やがて「人に

囲まれて生きている人なのだという実感」とするようになる。彼はその概念の中核を「類似性」だと見なさなくなったにもかかわらず、何故「双子転移」という言葉にこだわり、そして、現代の多くの自己心理学者も何故双子転移という用語を好み、それを「人間である」という感覚とつなげるのだろうか。

その点から考察を進めた筆者と同僚（Togashi & Kottler, 2013）は、まず「双子」が「双子」であるための主観的体験とはどのようなものなのかを探求した。双子が双子であるためには、二人の人間が似ている必要はない。二卵性双生児は必ずしも似ているわけではない。むしろ、彼らが双子なのは、偶然同じ胎内に宿り、そして同じ時間を過ごしてきたからである。筆者らは、彼らに偶然生じた生誕の特殊性と、別の人間とともに時間を過ごしてきた体験に注目した。双子体験が人間であるという体験とつながるならば、この要素が人間らしさや人間性の中核になければならない。

豊かな人間関係の中では、私たちは常に、「自分たちがどのように生まれ、そして、どのようにしてここまで一緒であったのか」を語り合い、そこに何らかの意味を見出そうとする。たとえば健康な母親は、子どもに向かって、折に触れ、どうやって自分が妊娠し、彼らを産み、一緒に過ごしてきたのかを語る。つまり、コフートがとらえようとした「人に囲まれて生きている人」の感覚は、「自分がどのようにして生まれ、どのようにして人とともにあり続けてきたのか」に意味を見出すプロセスである。コフートが強調した「歴史の中の私」（Kohut, 1981）はまさにこのことなのかもしれない。

コフートが体験したユダヤ人としての迫害体験と亡命は、こうした感覚を崩壊させるのに十分だっただろう。彼は自分がウィーンに生まれ、そこで人として生きてきたことの意味を台無しにされたのである。両親の不仲もそのような体験に拍車をかけたかもしれない。フェリックスの復員後、別々に休暇を過ごすほど両親の仲は悪くなった。一人息子のハインツはその影響をそのまま被ったことだろう。

嘘がなく，その人のままでのかかわり

もう一つの要素は，嘘がなく，その人のまま（authentic）での他者とのかかわりである。コフートは一九八一年七月に行われたインタビューで，トルストイの『イワン・イリッチの死』に触れ，何がイワン・イリッチの死を非人間的にし，何がそれを救ったのかについて，以下のように述べている。

　トルストイは『イワン・イリッチの死』で見事に描き出しています。彼の周りの人々は彼に死のことを考えさせないようにと何の愁いもない素振りをして彼の世話を続けます。妻も友人たちも同じようにします。もしも一人の自己対象，農奴の召使が彼の傍らにいて，彼に話しかけ，感情的に多少とも意味のある交流をしなかったならば，彼の死は惨めなものになったでしょう。それが彼にとって死を耐えられるものにしたのです。（Kohut, 1981, 邦訳 p. 288）

つまり彼にとって，人間であるという体験は「嘘がなく，その人のまま（authentic）で情緒的に意味のあるかかわりを持ってくれる他者との結びつき」を通して得られるものである。その情緒交流は，必ずしも肯定的なものである必要はない。不用意な気遣いやそれによる嘘は，かえって交流をなくしてしまう。そこにただ存在する人間とのそのままの情緒交流の可能性が，人生の意味を作りだすわけである。

この記述が，彼の最晩年になされたもので，一〇年間にわたる非人間的な病魔との闘いの先に語られたものであることに注目しなければならない。このとき彼は，まさにイワン・イリッチと同じ状況におかれていた。

ストロジャー（Strozier, 2001）が明らかにするように，コフート本人は，自分の病名や病状を必死で隠し，家族以外には「自分のまま」でかかわることができなかった人である。ターマン（Terman 私信）によれば，コフートは、自分の病気や過去を周囲に語ることを避け、講演の前には綿密にリハーサルを行い、講師としての自分が人前でより良く見えることにこだわっていた。彼が多くの人に見せていたのは、「他者によりよく見えると思われる自分」だった。つまり彼は正直に生きることができなかった。それでもなお、彼が『イワン・イリッチの死』を引用したのは、彼が、嘘がなく、そのままで情緒的に意味のある関係を求め続けていたことを示していると考えられる。

次の世代に受け継がれる希望

では、死に向き合っていたコフートは、どのような方法で自分が人間であるという感覚を保つことができたのだろうか。注目されるのは、コフートが、双子体験を「少女が台所のなかの祖母のとなりで静かに仕事をすることから得たかもしれない自己の支持、少年が父親の隣で『髭をそり』、地下室で父親の道具とともに父親のとなりで働くことから得たかもしれない自己の維持」(Kohut, 1984, 邦訳 p. 275) と述べていることである。彼はこれを、子どもが親を似たものと体験したり、自分が親のあとを継ぐ者なのだという感覚を発展させたりすることと考えたが、筆者 (Togashi, 2009; Togashi & Kottler, 2012b) が整理したように、この双子体験には、「自分の後を継ぐ者を作りたい」あるいは「自分が大切にしているものを次の世代に伝えられる希望を持ちたい」というニードが含まれている。

コフートは、死の直前にまで、シカゴからカリフォルニア州のバークレーまで行って最後の講演を行った。彼の姿は、オーンスティンとターマンがともに、コフートは自分の考えを広く知らしめることに執着し、晩年になってますます、自分の考えを後世に残すことにこだわるようになったと述べていることと一致する。それは、彼にとって希望であり、自分が生きてきたあかしであり、自分の影を将来に残す作業であっただろう。リンパ腫の進行によって体力が失われて行く中、コフートを支えていたのは、次の世代に自分の考え方を受け継ぐことだったかもしれない。

治療的示唆

ここまで述べてきた視座は、精神分析臨床にどのように活かすことができるのだろうか。ここまでの議論から言えるのは、自分が人間らしくあるとか、人間であるという感覚を持てない患者の精神分析臨床では、「患者と治療者がどのように患者と出会い、どのように二人で歩んできたのか」あるいは「患者と治療者双方の嘘のなさ、そのままのかかわり」、「自分の思いが受け継がれること」がテーマになるということである。このような体験が治療場面で得られなかったとき、患者は、その外傷的苦悩を再びその臨床場面の中で体験するかもしれない。つまり、その苦悩をいかにワークスルーするのかが、臨床上の課題となるわけである。具体的にはそれは、「患者と治療者が出会い、その後ともに作業することに意味を見出せると体験し、それを共有できるかどうか」「患者と治療者が、互いに正直にかかわっていると体験し、それを共有できるかどうか」「患者と治療者が、互いに相手の中に将来の自分を見出せると体験し、それを共有できるかどうか」について、両者が対話の中である程度の確かさをもって感じ取れるようになることだろう。

第10章
他者の精神分析

本章のテーマは「他者」である。他者は「対象」ではない。他者とは、「私」には動かせない対等な主体性を持つ存在として、「私」の前に登場する人である。これは、哲学では長い歴史の中でさまざまな角度から考察されてきたテーマだが、精神分析はそれを十分に臨床作業の中に位置づけることに成功してきたとは言えない。序言で述べたように、最近に至るまで、精神分析は「他者」を患者の心の中の「対象」に変換して扱うことで、このテーマを直接扱わずに済む方法を発展させてきたからである。一部の現代自己心理学者や、関係精神分析家(Benjamin, 1988, 1990, 2005, 2010)を除き、多くの精神分析家にとっては今でも、「他者」は個人の内的な欲望やニード、認知や知覚を受け止めたり、刺激したりするだけの存在という側面が大きい。言い換えれば、臨床家にとって「他者」は、「対象」や「内的現実」を考えるときに参照する素材としてのみ扱われていて、他者に主体性があることや、その人独自の文化、発達、情緒があることが、「私」にとってどのような意味合いを持つのかということは、十分に検討されてこなかったのである。

本章では、精神分析家が、自分は患者にとっての「対象」を分析しているのか、「他者」を分析しているのかを区別することで、どれほど今までとは異なった視座が現れるのか、それがどのような治療的効果につながるのかを明らかにする。一見単純に見えるこの区別は、まったく異なる臨床作業、視点、展開、効果をもたらす。もしかしたら、それまで思うようにいかなかった治療関係の膠着も、このような視点の導入によって大きく変わるかもしれない。

これを明らかにするために、まず対象に対する精神分析作業と、他者に対するそれとが、実際の患者と分析家のやり取りにおいてどのような違いとなって生じるのかを記述し、そのうえで、他者を分析することの治療的意義を考察したい。続いて、それを詳細に検討するために、転移性恋愛を取り上げる。転移性恋愛の中で患者は、治療者に対する恋愛感情や思慕の情を高め、ときには治療者との間に具体的な関係が展開することを望む。恋愛感情が高まると人は、相手に自分の欲望やニード、情動を激しく向けながら、その相手が主体的に自分を愛してくれることを望む。つまり、恋愛感情を持つと人は、相手に自分の恋愛の対象であって欲しいと願いながら、相手には同時に他者でもあって欲しいという、繊細な状況を生きぬくことを普段よりもずっと顕著な形で求められる。相手が対象のままで主体的に自分を愛してくれなければ意味がない。さらに、相手が他者として主体的に自分を愛してくれても、相手は自分の欲望を叶えてくれたという意味で、他者から対象の位置に滑り落ちる可能性が常にある。恋愛感情が発展すると、治療者と患者は、こういった他者と対象という複雑な問題に対処することを求められるわけである。以上について述べたのち、本章の最後では、対人関係の有限性とリスク、そして、治療者が他者として患者とかかわることの恐れや不安がもたらす臨床的問題について触れる。

1　対象の分析と他者の分析

対象を分析する作業と、他者を分析する作業は、具体的にどのように異なるのだろうか。以下に、一つのテーマについて、二通りの方法で行われたやり取りを紹介する。患者は三十代後半の男性で、ここに紹介するやり取りは、彼が最初に相談に現れてから約二年後になされた。彼は、人生に対する空虚感と、世の中の人は自分を決して肯定的に感じることはないという感覚から精神分析的心理療法を求めた。彼は週に一回の対面によるセッションを開始したが、予想されたように、心理療法を開始してから一年半もすると、治療者は自分に否定的な感情を抱いているのではないか、と疑念を抱くようになった。

次第に患者は、セッションをキャンセルするようになり、週に一回の頻度でコンスタントに通うことが難しいと述べるようになる。そして彼は、自由にセッションをキャンセルさせて欲しいと訴えた。治療者が自分を否定的に感じているに違いないという気持ちが強くなると、セッションに来ることが怖くなるからだという。しかし、彼は調子がよいときには来たいので、セッションの枠は確保しておくことを望んだ。彼は、週に一回のレギュラーセッションの枠を維持しながら、嫌なときには料金のチャージなしで自由にキャンセルしたいと希望したのである。

筆者と彼との契約は、以下のようになっていた。

①　週に一回以上のセッションの契約をした場合に限り、同じ曜日の同じ時間をレギュラーセッション枠として確保するので、彼は毎回予約を取らなくてもその時間を自分の時間とすることができる。

②　キャンセルは予約時間の二四時間前までに申し出る。そうでなければ、そのセッションの全額がチャージされる。

つまり患者の申し出は、この契約内容の特例を認めてほしいということだった。治療者は彼に対し、彼の申し出を受けることはできないと伝えた。具体的には、枠を維持するには原則として週一回以上のセッションの契約が必要であること、キャンセルに対しては決められた時間より前に連絡がなければ料金がチャージされること、決められた時間内のキャンセルであってもそれが繰り返しになれば、事実上週に一回以上のセッションにならないので枠を確保することはできないことも伝えた。なぜそれができないのか理由を知りたいという患者に対して、治療者は、二つの理由を伝えた。一つは、他にも彼の枠をレギュラーでおさえたい患者がいること、もう一つは、治療者はセッションごとの専門的サービスに対して料金をもらって生活しているので、キャンセルを自由に認めることは自分の経済的不利益になることである。

これに対して患者は、「先生が自分に対して否定的に思っているという自分の推測が証明された」と嘆いた。その理由は、治療者が自分の経済的利益を優先させたからだという。この点について患者（患）と治療者（治）は何セッションかを使って話し合っている。

【場面①】

治：だとすると、あなたには私がどのような人間に見えているのでしょうね。

患：本気ではぼくのことを考えてくれない人というか、自分の利益のためには人のことを考えない人というか、結局は、裏でぼくのことをさげすんでいるというか。

治：私の伝えた理由は、それを証明するのにぴったりでしたか。

患：まさにそうですね。

治：この二つ理由はいずれもあなたに対してだけ適用されているものではなくて、どなたにも適用されるルールなのです。でも、あなたの話だと、私があなた個人に対して特別に否定的な感情を持っていることになりますが、そのあたりはどう思いますか？　その点について特に興味深く思っています。

患：そういわれてしまえばそうですけど、でも、やっぱりそういう理由だとしても、先生にぼくへの否定的な感情があるというのも感じるのですよ。
治：私はあなたから見ると、そういう感情を隠し持っているけども、それを決して認めないというわけですか。
患：まさしくそうですね。ぼくがこれまで会ってきたそういう人たちのことを先生に話してきたじゃないですか。先生はそのたびにぼくに理解を示してくれたようですけど、でも、やっぱりそういう人たちと同じなのだなと思うわけですよ。
治：どういうところからそう思うわけですか。
患：どういうというか、全部ですよ。感じるというか。
治：たとえば私のどういう表情からとか、どういう言動からとか。
患：今回、ぼくの申し出を受けてくれないというのは、まさしくそうですよね。
治：なるほど、するとそのときの私は一体誰になっているということなのでしょう。今までも同じように感じた相手はいらっしゃいますか？
患：いると言えばいます。というか、みんなそうでしょう。ぼくは小さい頃からずっとさげすまれて来たんです。両親はどちらもそうです。
治：私の振る舞いは、あなたからすると、そういった人たちと同じに思えるのでしょうね。
患：だってそうじゃないですか。ぼくはそれ以外の見方を知りません。ぼくはずっとそうやって生きて来たんです。
治：私の様子を見れば見るほど、これまでの人と同じに感じるのでしょう。あなたの中には、他人というのはそういうものなのだというイメージ以外は、なかなか浮かび上がってこないでしょうね。

【場面②】

患：何度も言うように、具体的には説明できないけれども、やっぱり、ぼくから見ると先生は、否定的な感情を持っていると思うんです。

治：では、そこであなたが望んでいるのは何でしょう。

患：わからないんです。わからないんですけど、先生はそうではないという……だとしたら、その否定的な感情を持たないようにしてほしいというか。

治：ところが私は、今回のことについて、私があなたに否定的な感情があるからお断りしたとは思えないんです。

患：でもあるんですよ。先生は気が付いていないかもしれませんけど。以前本を貸してほしいとお願いしたときも断られましたけど、それもやっぱり、先生は、ぼくに自分の本にふれてほしくないと思っているからじゃないですか。

治：そういうことではないですよ。専門書は基本的には貸出さないことになっているんです。仕事用に使っていますし。

患：ぼくが望んでいるのは、先生がぼくに対して否定的な感情を持たないようにしてほしいこと。それが無理なら、少なくとも、否定的な感情を持っていることは自分で認知してほしいんです。

治：そうしますとね。問題は、私が否定的な感情を持っているかどうかではないかもしれませんよ。あなたはそうだといっても、私がそれを感じていない。これはどこまで行っても平行線なように思うんです。問題は、私がそれを認めるかどうかではなくて、そういう私とあなたがどう付き合っていくかということではないですか。

患：どういうことですか。

治：私が否定的な感情をあなたに持っていないということは、実は証明できないのです。持つときもあるでしょうし、持たないときもあるでしょう。否定的な感情を持っているときには、それは持っているといえますが、持っていないと思っているときには、私はあなたに「持っているはず」と言われてしまえば、そうではないとは言えますが、それ以上証明しようがないのです。だとすると、私が否定的な感情を持っていようがいなかろうが、あなたの目の前にいる人はそういう人なのだから、その人とあなたがどう折り合いを付けてやっていくかということになりませんか。

患：キャンセルはどうなるんですか

治：それもね。やっぱり申し出を受けることは無理なんです。それに対してあなたがどんな解釈をするのかについて、もちろん話し合っていきますが、でも、あなたがどんな解釈をしようと、そのルールは変えられないんです。だとすると、それを聞いてあなたはどうするのかが大切だと思うんです。

患：結局変わらないわけですか。

治：そうですね。

これはどちらも、治療者がうまく対応できた例として挙げているわけではない。むしろこれは、失敗例である。しかしこうしたやりとりは、普通に仕事をしている治療者ならば誰でも体験しているようなごくありふれたものである。

場面①で話し合われていたのは、対象としての治療者である。現実のルールや治療者の主体的な振る舞いは、彼が心の中の治療者像をオーガナイズする素材となっていて、二人は、彼の中の治療者のイメージのあり様や、その変化を話し合っている。場面②では、仮に患者がイメージする治療者が否定的な感情を抱いていてもいなくても、彼がそう感じてしまう治療者とどのように付き合うのか、がテーマになっている。それは、彼の中の治療者のイメージのあり様や変化ではなく、そのような治療者や治療のルールと彼がどのようにかかわっていくのかという問題である。

通常、精神分析療法を始めた患者は、当初治療者との約束の通りにできるだけ自由に連想を語るように心がける。しかし、多くの場合、それは長くは続かない。治療者に対する感情的な体験が意識的、無意識的に生じ、その葛藤から自由に連想を語ることができなくなってくるからである。そのような現象は抵抗や転移と呼ばれることが多いが、その現象をどう理解するのかは学派によって異なることがある。たとえばある学派は、それを患者内の自我構造のバランスの悪さに還元し、ある学派は、それを患者の中にある対象関係に還元する。ある学派は、患者の自己感覚の不安定さに理由を見出す。

しかし、学派による理解の違いはあっても、伝統的な視点による精神分析である限り、治療状況に生じた現象は、患者の内的体験に置き換えられて探索される。患者が「治療者は自分に否定的な感情を持っている」と述べて、それ以上話を進めることができなくなるならば、治療者は「あなたは今、私（治療者）に対して何を感じていますか？」「今どのような気持ちで私と話をしていますか」「これまでに同じように感じた相手はいますか」といった質問を通して、抵抗や転移を引き起こしたと思われる患者の内的情動的体験や認知過程を明らかにしようとするわけである。

つまりそうした現象は、患者の中の対象や認知過程が外にあらわれたもので、それを探索し、その変化を目指すことが精神分析とされてきたのである。治療者が自分の思い通りに契約を変更してくれないことがテーマになれば、その点に関して感情的葛藤を示すもとになった対象としての治療者がテーマとされるのである。

しかし、私たちの社会生活では、心の中の対象が変化してもしなくても折り合いをつけなければならないことがある。治療者が自分の申し出を受けなかったことを、患者が治療者の不誠実さの証拠と考えても考えなくても、彼は、そのルールに対してどう折り合いをつけるのかを決めなければならない。治療者をどう感じようと、彼は希望を諦めるか、希望を縮小させるか、あるいは、希望を叶えてくれる治療者を探さなければならないのである。もちろん、治療者の方も同様である。治療者がいくら彼の背景にあるかもしれない感情を扱ったとしても、彼は結局主張を変えないかもしれない。その彼とやって行くのかやって行かないのか、やって行くならばどのようになって行くかの、そういった方法を探したり、彼と相談したりしなければならないのである。その際にはどちらも、ある程度自分の思いを諦めなければならないかもしれない。その諦めは、これまでの精神分析が考察の対象としてきた空想からの幻滅や脱錯覚（Winnicott, 1951; 北山 2001; 富樫 2011c）とは次元を異にする。それは、自分にはどうしようもない現実と折り合いをつけるプロセスだからである。

その後、結局どうあっても、治療者は自分が望んだ方法はとってくれないと思った患者は、週に一回来ることに同意し、それでも、どうしても来られないときには、その分の料金を払い続けた。彼は「他に行くところはないし、他と比べても、まあ先生がまだましだから。ちゃんと来なければやってくれないというのだから、来るしかないでしょう」と述べた。もちろん、そう言いながらも、ほとんど納得できていない彼は、その後も一年近くにわたり、治療者が自分の希望を認めなかったことは、治療者が自分をさげすんでいることを証明していると主張し続けた。治療者もまた、彼に何を言っても納得することはないだろうと思いながらも、それでも来るというならば、そのまま続けようと決めた。やがて彼は、新たな就職先を見つけて元気に働きはじめ、社会的な評価も得て、治療を終結することができたが、それでもなお、「あれは治療者が自分をさげすんでいた証拠だ」と述べていた。

このプロセスをいろいろな言葉で述べることはできる。治療者が彼の怒りの中を生き抜いたとも言えるし、これの不満を受とめることで、これまでの対象とは違う機能を提供したとも言える。しかし、それよりも、彼と治療者が重要だと思ったのは、彼が納得できないままでも、他に選択肢はないと、治療者とやっていくことを決めたことである。そして治療者もまた、どうせこの人は納得しないと思ったまま、彼との作業を続けることを選択したことである。どちらもほどほどに納得できないまま、ただ関係を続けるという作業は、まさに彼がそれまでできなかったことである。彼はそれまで、相手が変わらないとみるとその場から立ち去るか、一時的に、彼の希望を叶えてくれる人に密着するか、どちらかの方法しかとってこなかったからである。彼によればそれは、自分の両親が、彼らに都合の良いときには彼の言いなりになり、都合が悪いときには彼の希望に聞く耳を持たず、馬鹿にするばかりだったことと関係があるという。それが適切な理解ならば、彼がそれまで体験できなかった対人関係の交渉作業を、治療者との間で行ったと述べることもできるだろう。

2　治療関係における恋愛感情について

どうしようもない現実に折り合いをつける作業を求められる治療的現象としては、転移性恋愛はその最たるものだろう。フロイト（Freud, 1915b）は、転移性恋愛について、扱うのがとても困難な転移の一つとして特別に論じている。彼は、彼自身や同僚が患者の恋愛感情の高まりに困惑し、振り回され、精神分析作業を中断する様子を観察してきた。彼が精神分析理論を打ち立てるきっかけとなったブロイアーの事例アンナ・Oも、まさにそうである（Breuer & Freud, 1893-95）。そうした点から、転移性恋愛は感情的には肯定的色彩を持っていたとしても、陰性転移、あるいは、陰性転移に対する抵抗（Chessick, 1997）、治療同盟に対立する概念（Hauser, 2007）と定義されることもある。バーグマン（Bergmann, 1994）は、その難しさについて、「転移性恋愛は被分析者の自我がその恋を治療の目的のために昇華することに成功したときにのみ、有用なものである」（p.

516）と述べている。

精神分析的作業を進めるうえで，恋愛感情は具体的にどのように厄介なものとなるのだろうか。フロイト（Freud, 1915b）は，それは日常場面で人が体験する恋愛と質的側面において違いがないと述べているが，唯一違うところがあるとすれば，それは面接室の中で展開される限り，他の転移と同様に探索されなければならないところだと考えた。治療者は，その恋愛感情がどのような意味の感情で，治療者のどのような側面に対して向けられたもので，どのような欲望やニードが背景にあり，その気持ちは以前には誰に向けられていたものなのか，それによってどのような関係性が展開される可能性があるのかといったことについて，詳細に検討することを求められるわけである。このモデルにおいて治療者は，自分を患者の恋愛感情が向けられる「対象」となりつつ，患者とともにそれを分析しなければならない。

これはいくつかの点で，実際には非常に難しい。まずは，その感情自体が持つ性質の問題がある。恋心というのは何しろ傷つきやすく，脆弱で，繊細である。あまりにも繊細であるがゆえに，その気持ちを相手に伝えるだけでも恥ずかしく，一苦労である。恋心といっても，多くの場合，それが叶わなくても，本人は何かを失うわけではない。しかし恋する人は，それでも，相手に自分の感情を受け入れてもらえないことを怖がる。気持ちを伝えられた相手も，その繊細さを知っているため，それを受け入れられない場合には気まずさでいっぱいになる。その結果，ただ気持ちを伝えただけでも，それまでの社会的関係までが変わってしまうことがある。

もう一つは関係における問題である。恋愛感情が強くなると，人は相手の気持ちも求めるようになる。恋する人は，自分の気持ちの高まりに応じ，相手の気持ちも自分に向いてほしいと願う。つまり恋する人は，恋愛対象としての相手に他者としての主体的な感情を求める。場合によっては，それを具体化することを求める。多くの場合，「私たちは，互いに同じ気持ちで向きあっていることがわかればそれでいい」という思いだけでは済まない。人は不確かな関係を具体化し、関係を確かなものに感じたいと願う。その方法はセックスかもしれないし、デートかもしれない。もちろん、セックスやデート、結婚を求めず、ただ相手の気持ちを信じ続けることを「本当の愛」という言葉で確証づけることもあるだろうが、それも、相手の主体的な意志や感情において、自分に気持ちを向けてくれていることが確認されて初めて成立する。しかし相手の主体的な気持ちを求めたとたん、その恋の成就は、自分には動かしがたい相手の主体性にゆだねられる。まして治療関係では、基本的にそれが成就することはない。

もう一つ、精神分析の治療技法自体に含まれる問題がある。精神分析の治療プロセスは、治療者が患者に対し、自分自身を対象として差し出し、そこで受けとめているさまざまな感情や衝動、空想を分析することで成り立っている。恋愛感情でもそれは同様で、恋する相手に恋する感情を分析されるという形が作られる。しかし、恋する患者が関心を抱いているのは、治療者が自分の気持ちを叶えてくれるのか、叶えてくれないとしても少なくとも自分と同じ気持ちでいてくれるのか、あるいは、治療者は自分の気持ちを、真実性を持ったものとして大切にしてくれるかどうかである。治療者が分析家として患者の感情を分析しようとすること自体が、患者からすれば、関係や感情の真実性や主体性を破壊するようなものに体験されてしまう。

では、私たちは、恋愛感情をどのように扱ったらよいのだろうか。鍵となるのは、他者としての治療者のワークスルーと、患者の主体性の承認である。そして、感情や関係の真実性（authenticity）の共有である。

他者としての治療者のワークスルーとは、自分の想いに合わせてくれるわけではないのにそのままそこにいる治療者を前にして、患者がどのようにその人とやっていくのかを見出すことである。

恋愛感情が高まったとき、患者は心の中で対象としての治療者をさまざまに展開させている。治療者は、理想の彼になっているかもしれないし、自分を支えてくれる夫になっているかもしれない。治療者からデートに誘われるかもしれないし、デートの中でやさしく愛をささやかれるかもしれない。しかし、よほど特殊なケースでない限り、それをそのまま実現することを治療者に要求する患者はいない。そのままやってもらっても、演じられているようなもので、そのやりとりに何の意味もないからである。

患者にとって重要なのは治療者の主体的な意志と感情である。治療者の主体的な意志や感情もわからないまま、自分の欲望や願望がそのまま現実になったとしても、そうしてもらった瞬間に患者は失恋する。治療者は欲望や願望の対象になってくれただけで、互いの主体的な感情によってつくられる恋愛にならないからである。そして、治療者の主体的な意志とは、通常、「その恋愛感情には応えない」である。患者は、その治療者の正直な感情を聞いても失恋するし、聞かなくても失恋する。

治療者は患者の恋愛感情に応えられない。しかし、治療者は偽りで応えることもできないし、患者の空想を分析の素材にして扱って傷つけることもできない。それでも、治療者は何らかの正直な思いを患者に対して持っている。患者の気持ちを聞いて嬉しいかもしれないし、苦しいかもしれない。恥ずかしいかもしれないし、恐れおく感じているかもしれしれない。多くの場合治療者は、それなりに恥ずかしさを感じながらも、その思いを大切にしつつ、自分なりにこの患者に対して精一杯仕事をしようと思うだろう。もちろん、いつも肯定的なものばかりではないだろう。面倒くさく感じるかもしれないし、ややこしいと思うかもしれない。しかし、それでも治療者はそこにいて、患者とともにその先に進もうとしている。それが重要である。

患者と治療者は、そのようなプロセスを共有することで、かなわない現実とどのように折り合いをつけるかを考えることができる。恋愛において問題なのは、空想の中にいる対象としての相手がどんな存在なのかではない。相手が主体的にどうしようと思っているのかである。治療関係における恋愛では、その相手である治療者は、基本的に思いを叶えてくれることはない。患者は、恋愛感情を持ったままでも構わないし、恋愛感情を排除しても構わない。しかし、自分の気持ちとは関係なく、その気持ちを叶えてくれない治療者とどうやって付き合っていくのかは決めなければならない。そのときに支えになるのが関係の真実性である。それは、二人は主体的な存在として正直にかかわる意思がある、という確信である。

患者の主体性の承認とは、恋愛感情にまつわる患者の思いを、どれだけ分析の対象とせずにいられるのかということである。つまり、分析家として仕事をしようとする治療者の思いをどれだけ超えて、患者の真実の、主体的な声としてその気持ちを扱い、しかしそれが叶うことがないことの意味を扱えるのかということである。

フロイト（Freud, 1915b）は、転移性恋愛は日常的な恋愛とその質において違いはないと述べた。違いがあるとすれば、その恋愛感情が、患者の対象に対するどのような欲望や願望に裏打ちされているのかということを分析しようとする点だけだ、というわけである。しかし、恋愛感情に対象に対する欲望や願望が含まれているのは、それこそフロイトが指摘している通り、日常的な恋愛と変わるところはないし、その感情を分析しようとすると深い傷つきをもたらす可能性があるのも、日常的な恋愛と変わらない。違いがあるとすればむしろ、基本的にかなうことがないその感情が、恋愛感情を向ける相手によって正直で主体的なものだと認識されないリスクを負っている点にある（Togashi, 2006）。日常生活では、特殊な例を除き、基本的には伝えられた恋愛感情は、そのまま純粋で主体的な気持ちだと理解される。

しかし、精神分析状況では、患者の感情は主体的で正直な感情として扱われないことがある。治療者は役割を持って関係に参加している。そして治療者は、患者を仕事の対象とし、患者の語る内容には裏の意味があることを見抜くように教育されている。恋愛感情以外でも同じことだが、恋愛感情のような繊細な感情はなおさら、そのように扱われていることが垣間見えただけでも、患者は傷つき、関係に対する信頼を失うだろう。分析家は、患者の感情をそのまま正直で主体的な感情だと受け入れつつ、自分の主体的な思いを伝えながら、患者とともにこのどうしようもない出会いの意味を探索しなければならないわけである。治療関係における恋愛感情は、患者も分析家も相手を対象として扱わなければならない状況で、互いに相手の主体的で正直な意志や気持ちを大切にしなければならないという難しさを作り出すのである。

筆者が精神分析的心理療法を提供していた三十代の女性患者は、ある時期治療者への恋愛感情の高まりに困っていた。彼女は、治療者の姿を見ると恥ずかしくなり、それでも、会いたくなり、そして空想の中で治療者と会話した。治療者は、彼女と空想のデートに付き合った。彼女が空想する治療者との会話や、関係、期待などについて話し合ったのである。しかし彼女は、そういった話し合いは、最初は楽しくても、やがて苦しくなってくるばかりだと述べた。そんなことをしていても、自分の気持ちは叶わないし、それに、話せば話すほど、治療者が、彼女のこれまでの異性関係と関連付けてコメントをしてくるのがつらいという。

その頃治療者は、患者のそれまでの異性関係に注目していた。彼女は多くの場合、自分から恋愛感情を抱くが、彼女の気持ちを知った相手は直ぐに彼女と性的な関係を持つか、あるいは、何も言わずに離れていくかのどちらかしかなかった。希望がかなう可能性が極めて薄い治療者にそのような感情を抱いたということは、治療者からすれば、彼女がこれまで繰り返してきた関係の一部を示しているように見えたからである。治療者は、彼女がまた、何も言わずに離れていく可能性がある人を恋愛の対象にしたのかもしれない、と考えたのである。

しかし、治療者と面接室で空想のデートをしていても苦しいという彼女の言葉を受けて、治療者は自分が彼女の気持ちをそのままには見ていなかったことに気がついた。そして、彼女のその真剣で正直な感情に見合うだけ正直な感情で彼女にかかわっていないことも認識した。治療者は、恋愛感情があっても、初めからどうしようもない関係であるという状況のどうしようもなさに向き合うことができず、それをそのまま扱うことを避けるために、彼女の空想内容を解釈する作業に入っていたのである。

治療者は、「私たちが、今、しなければならないのは、あなたの気持ちがどんなものなのかを話し合うことではなかったようですね。気持ちを叶えてくれない相手といて、その気持ちを抱きながら、相手とどうやって過ごしていくのかを話し合うことでしたね。あなたはその苦しい状況に向き合ってきたわけですから」と伝えた。彼女はそれを聞き、「そうなんですか。私、じゃあ、この気持ちは持ったままでいいんですね」と尋ねる。そこで初めて治療者は、「もちろん。持っていてもらって構いません。あなたは私に対して、どんな気持ちを持っていても構わないのです」と伝えた。そして、「このままあなたがただセッションを続けることを選び、私がそれで構わないと思っているのですから、そのまま続ければよいだけですよね。考えてみれば。あなたの気持ちを叶えることはできませんが、これからも一緒にやって行きたいと思っています」と伝えた。

彼女はそれを聞き、自分は初めからこの気持ちを叶えることを求めていたわけではないと述べた。「叶うはずがないとわかっているけれども、そんなことを計算して好きになるかならないか考える人はいません。自分でもコントロールできないからこういう気持ちなのです」と。この当たり前のことを理解できていなかったのは、治療者の方だった。治療者は自分を彼女の欲望や願望の対象として理解することにとらわれて、互いの気持ちをそのままとらえることを忘れていたのである。その文脈において治療者が「それでも、そういう気持ちのままでは苦しいでしょう」と尋ねると、彼女は、「苦しいですよ。でもまあ、先生が正直な気持ちで私とこのままやっていくつもりがあると言ってくれただけで、それでいいんです。苦しくなったら、またぐだぐだいいます」と笑った。

確かに患者の恋愛感情の背景には、彼女の心理的問題を含むさまざまなものが含まれていただろう。従来の精神分析は、そういった内的対象への感情や態度について探索することを一義としてきた。その先に描かれる治療目標は、そうした感情や態度の消失、または変化である。しかし、この患者にとって問題だったのは、ただ何となく素敵だなと思う感情を相手に伝えた瞬間、すぐに男女の関係になることを求められるか、あるいは何も言わないまま離れていかれるかのどちらかで、彼女の正直な気持ちをその対人関係の中で大切にされる余地がなかったことである。相手は、彼女の気持ちを自分の欲望や願望の対象として扱うか、あるいは、彼女の恋愛のストーリーの対象になることを恐れて離れていくかのどちらかしかなかった。そこには、彼女の正直で主体的な気持ちも、相手の正直で主体的な気持ちも、持ち寄られることはなかったのである。彼女の主訴が人間関係に真実味がないという訴えだったのも、そのときになると治療者にはとても腑に落ちるものとなった。

3　他者の操作不可能性と、関係の真実性

ここまでの議論からもわかるように、他者のテーマは、現実に対する「どうしようもなさ」と深く関係している。近年の現代自己心理学や間主観性理論が特に注目しているものの一つが、これである（Brothers, 2008; Togashi, 2014a）。これは従来の精神分析の考え方を超えたものである。従来の精神分析が注目してきたのは、「対象」に付与された病理性や歪みと、それによる苦悩である。そこでの治療目標は、内的対象の病理性と歪みをどのように組み替えるのかということにある。しかし、他者のテーマは、病理性の有無に関係なく、自分には動かしようがない側面を持つ他者とともに生きているというだけで体験する、人間的苦悩である。それは他者や現実が持つ操作不可能性からくる苦悩ともいえる。

他者は主体性を持ち、自分とは関係なく物事を判断し行動する。どんなにコントロールしようとしても、それを完全に支配することはできない。他者との関係は、自分や他者の意図を超えた予測不可能な側面を持つわけである。関係はいつか壊れるかもしれないし、壊されるかもしれない。愛は終わりを迎えるかもしれないし、信頼

は裏切られるかもしれない。一方が死ぬかもしれないし，一方が正常な判断ができなくなるかもしれない。フロイトは，そのような偶発的な現実が心に与える影響を認めながらも，人がそれを内的にどのように体験するのかに注目した（Freud, 1914a, 1917a）。しかし，ギル（Gill, 1994）が主張するように，他者を内的に体験する方法を分析することは，かならずしも，患者が他者をどのように体験しているのかを分析することと同じではない。

他者や現実を内的対象や内的現実として扱うのではなく，それそのものが持つ意味を探求する必要性については，ブランチャフ（Brandchaft, 1993）が考察している。彼は，発達的トラウマは，神経症などの従来の心理的病理と区別されるべきだと考える。彼によれば，発達的トラウマは自己を定義している基準の揺らぎである。つまりそれは，「疑問の余地さえない現実（not-to-be-questioned reality）」（p. 227）が，その個人にとってどのように位置づけられているのかの問題である。トラウマを扱うとき，分析家は，患者の内的対象関係や内的現実のあり様を扱うというよりも，その人を規定している現実性を扱わなければならないのである。

ストロロウ（Stolorow, 2007）もまた，トラウマを心理的病理とは考えない。自らが突然妻を失ったトラウマを現象学的に省察した彼は，そうしたトラウマは，治癒を必要とする精神病理ではなく，人間の有限性，現実の非永続性についての気づきだと結論づけた。そして彼は，そうした考え方は，精神分析の中でこれまで十分に取り上げられてこなかったもので，そのような側面の精神分析作業についてさらに考察を進める必要性があると強調する。言いかえれば彼は，現実や他者の操作不可能性が必然的にもたらす苦悩を，精神分析的な臨床作業の中に位置づける必要性について述べたわけである。

私たちが生きる世の中には，自分には操作することができず，抗うこともできない側面がある。私たちがかかわる他者にも，自分には操作することができない側面がある。他者を対象化することで，人はそれを操作可能であるかのように錯覚する。しかし、私たちが社会で生きるとき、その操作不可能性を承認しつつ、その相手と関係を持ち、そこで何らかの生産的作業をすることを求められる。それは、他者のコントロールや共感的結びつきを超えて、相手と社会的折り合いをつける作業である。うまくいくこともあるが、うまくいかないこともある。他者とかかわるということは、そういった意味で、極めて不確かなものである。

人が、不確かなものを不確かだと感じながら生きることは簡単なことではない。その不確かさに耐えられないとき、人は他者を主体的な存在として承認することを恐れ、他者を対象としてみる。分析家もまた、その専門的な作業において、その宿命から逃れられないことを認識する必要がある。分析家は、操作できない世の中で、操作できない他者とのかかわり自体を仕事の土俵にしている。患者がそれを恐れて内的な対象にしがみつくのと同様に、分析家もまたそれにしがみつきやすい。分析家もまた他者として患者とかかわることを避け、患者の内的対象を分析するだけで仕事を終えようとするかもしれないのである。

では、人が互いに他者としてかかわるということは、関係を不確かなものにするだけなのだろうか。先の治療関係上の恋愛感情の議論や、筆者の別の研究が示唆するのは、両者が主体的に正直な意志や感情を共有し合うことを認め合える限り、人が互いに他者としてかかわるということは、むしろ、関係や自分の存在についての真実性の感覚を高めるということである（Lichtenberg, Lachmann, & Fosshage, 2002; Togashi, 2014c; Togashi & Kottler, 2015）。それは、不確かな関係を不確かなままに感じながら、自分の存在と世界についての情緒的確信（emotional conviction, Orange, 1995）を持つという体験を構成する。人は他者の主体性の操作不可能性を通して世の中を不確かなものとして体験し、他者の主体性の真実性を通して世の中を確かなものとして体験するのである。

第11章
精神分析家の顔

「ぼくは先生の顔を見るのが怖いんです」
――これは、別のところで発表した筆者の事例「秀樹」が語った言葉である（Togashi & Kottler, 2012a, 2015）。

秀樹（仮名）は、三十代前半のゲイの独身男性である。彼は、治療者と週一回の頻度の精神分析的心理療法を五年間行った。彼は、解離症状と慢性的な抑うつ感を主訴に治療者のオフィスを訪れた。彼は、自分が世界とつながっておらず、世界から隔離された存在であるかのように感じると述べた。インテーク面接において彼は、幼少期に自分が、大うつ病と診断されていた母親から身体的虐待を受け続けていたことを語った。彼は、学校から帰るとほとんど毎日のように母親の前に座らされ、その日の学校でどのようなことをしたのか話すように言われ、その内容が何であっても、彼は母親からその問題を指摘されて殴られたという。ときには、彼は、ロープで縛られて柱にくくりつけられたまま数時間放置されたこともあった。

秀樹は、個人心理療法を始める前に、同じように虐待を受けた人たちのグループセラピーに参加したことがあった。彼は他の人の話を聞くことは好きだったが、自分の話をすることは好まなかった。彼の話を聞いた人たちが彼の体験を「自分たちと同じだ」とか、「自分たちは仲間だ」と言うことに我慢がならなかったからである。彼が個人心理療法を求めた理由の一つはそれだった。

秀樹は、治療の比較的早い段階から、治療者の顔を見るのが怖いと述べた。彼の表現には二種類あった。一つは、「先生の顔を見るのが怖いんです。というのも、ぼくの話には、先生にとって何かおかしなものや気に食わないものがあるんじゃないかと思います。先生はそれを口にしなくても、先生の顔にそれが表れるかもしれない」というもので、もう一つは「先生の顔を見るのが怖いんです。というのも、そういう思いなら自分も感じたことがあるとか思われて、先生の表情が温かで優しい感じになるのを見るのが怖いんです」というものだった。

なぜ彼は、治療者の顔を見るのが怖かったのだろうか。彼は治療者の顔に何を見ていたのだろうか。彼が恐れているものは、どのように治療者の顔に表れていたのだろうか。治療者の顔は、怖かったり、醜かったりしたのだろうか。非常に多くの疑問が治療者の心の中にわいてきて、治療者は、自分の「顔」の役割と治療的意味について考えさせられた。

分析家にとって、患者の顔は患者の身体の中で最も興味深い部分の一つである。対面のセッションの場合、それはずっとそこにあって、分析家の注目が最も注がれる体の部位である。しかし、分析家は、患者の面接をしている間、分析家自身の顔を見ることはできない。カメラで撮影しながらモニターで見られるようにでもしておかない限り、どんな顔で患者の話を聞いているのか、本人にはわからないのである。分析家本人の注意も、もしかしたら、あまりそこには注がれていないかもしれない。しかし対面のセッションでは、患者はずっとそれを見ている。患者はそこに注意を注ぎ、その変化一つ一つに影響を受ける。近年、精神分析療法や精神分析的心理療法でもカウチの使用が減っていることを考えると（Allen, Fonagy, & Bateman, 2008; Friedberg & Lin, 2012）、臨床的にも、理論的にももう少し注目されてもよい部分だが、これまで十分に議論されてきたテーマとはいえない。[6]

伝統的精神分析の考え方は、秀樹がなぜ治療者の顔を怖がったのかについて、いくつかの理解の方法を提供してくれる。たとえばそれは、投影や投影同一化、置き換えなどの言葉を用いた説明になるかもしれない。そうした考え方からすれば、秀樹は悪い自己表象や対象表象を治療者に映し出し、治療者の顔を自分の衝動や情動の受け皿にしていると説明される。つまり、秀樹はその「歪曲された」認知を通し、治療者の顔の意味を誤って解釈していると理解されるのである。これは、分析家の顔は「不透明であるべきであり、鏡面のように」(Freud, 1912) 患者の前に提示されることで、そこに映し出された転移を分析することが可能になるという基本技法を支える概念である。

筆者はこのような考え方の有用性を疑っているわけではない。実際秀樹は、虐待されていたときに母親の顔の中に見ていたものを、治療者の顔の中に見て恐れていたと考えることができる。それは、邪悪でけがらわしく、醜い自分と、怒りに満ちた母親である。しかし、こういった理解はいつも適切なわけではない。秀樹は治療者の表情に現れる険しさや冷たさを恐れていただけでなく、「先生の表情が温かで優しい感じになるのを見るのも怖いんです」と述べている。これは、秀樹が治療者の顔にもっと複雑な心理的プロセスを見ていたからに他ならない。分析家の顔は、単純な「不透明な鏡面」ではなく、患者と分析家の心理的プロセスが相互的にオーガナイズされるコミュニケーションの舞台になるわけである。

母親の顔の役割や機能に関する詳細な検討を行う近年の乳児研究 (Sander, 1977; Chon & Tronick, 1988, 1989; Adelmann & Zajonc, 1989; Cohn et al., 1990; Cohn, Campbell, & Ross, 1991; Beebe & Lach-

6　認知心理学や知覚心理学では、人間の顔と対人関係における心理的・情緒的関係について、長い研究の歴史がある (Ekman, 1992; Ekman & Friesen, 1975, 1978; Ekman, Friesen, & Davidson, 1990)。

mann, 2002; Beebe et al., 2005）の影響を受け、現代自己心理学や関係精神分析は、分析家の顔を、インプリシットな水準でもエクスプリシットな水準でも、分析家と患者がコミュニケートする重要な心理的フィールドとしてとらえる（Beebe, 2004; Orange, 2009; Stern, 2010; Togashi & Kottler, 2012a）。分析家の顔は、分析家自身の主観的体験だけを表す場所なわけではない。そこは、対人関係のフィールドでもあり、間主観的なフィールドでもある。物理的な表情の変化が互いに影響を与えあっているし、それを互いがどう知覚し体験するのかということも、互いに影響を与えあっている。

分析家は、自分の顔のあり様に敏感になることで、自分が組み込まれている関係性の特質をとらえられるかもしれない。その心理的特質は、分析家も患者も気づいていないものかもしれない。分析家が、患者の顔だけでなく、自分の顔にも敏感になることは、治療の進展をもたらすかもしれない（Togashi & Kottler, 2015）。

本章の目的は、分析家が外傷化された患者の精神分析的治療において、自分の顔をどのように使うことができるのかを考察することである。まず、顔についての精神医学的研究や神経精神分析的研究を概観し、患者の発達的トラウマがどのように分析家の顔に顕在化するのかについて議論する。そして、分析家が自分の顔をセッションで有効に使うためのいくつかの方法について提案したい。

1　間主観的フィールドとしての分析家の顔

コフート（Kohut, 1966, 1968）は、鏡映自己対象体験や鏡映自己対象転移といった概念を整理したとき、子どもの自己感覚は「母親の目の輝き」（Kohut, 1968, p. 96）によってオーガナイズされると述べている。子どもは、母親が自分を見る目がわくわくと喜びに満ちていることを発見して、そこに自分の価値と存在の意味を感じ取るのである。コフートにとって母親の顔と目は，母親と子どもの主観的体験が相互的にオーガナイズされる場所になっているのである。

分析家の顔と患者の心理的状態の相互関係について言えば，スイスにおいて大変興味深い研究が行われている（Heller & Haynal, 1997; Archinard, Haynal-Reymond, & Heller, 2000; Haynal-Reymond, Jonsson, & Magusson, 2005）。それは，非言語コミュニケーションが人間の顔に現れるプロセスを描き出すために行われた，ハイナルと同僚たちによる実証研究である。その調査は，精神科医が，一度自殺未遂をして入院することになった患者たちの再自殺リスクを，正しく予測できるかどうかを明らかにすることを目的に行われた。

自殺未遂をしたことがある五九人の成人患者が，入院期間中に経験豊富な精神科医（すべて同一の精神科医）によって二〇分間ずつ面接された。面接の間，患者と分析家の顔はビデオカメラで撮影され，記録された。それぞれの面接の終了時，精神科医は患者の再自殺リスクについて，「最も可能性がある（4）」から始まる四件法で評価するように求められた。

面接から二四か月後，研究チームは病院のカルテを確認し，五九人の患者のうちの誰が再度自殺を企てたのかを特定していった。その結果，一一人の患者に再自殺企図があり（再自殺群），四八人に自殺企図がなかった（非再自殺群）ことがわかった。

そして研究者チームは，一〇名の再自殺群（一名のデータは結果的に使用できなかった）に対して，非再自殺群から一一名を慎重に選び出し，標準的な尺度を用いて，面接ごとに精神科医と患者両方の顔を個別に測定し，再自殺企図を予測するための指標になるかどうかを分析した。最終的に，精神科医と患者それぞれの結果が比較された。

研究チームによれば，精神科医の四件法による筆記評価は，再自殺群と非再自殺群を二二・七パーセントしか正しく分類することができていなかった。一方、ビデオ録画された精神科医の顔は、予測指標としてより優れていた。ビデオ録画を研究者が評定したところ、精神科医の眼周囲（目の周りの筋）の動きと精神科医が患者を凝視する時間の評定において、再自殺群と非再自殺群に違いがみられたのである。研究者たちはそれによって、八一・八パーセントから九〇・九パーセントの確率で、再自殺企図患者を特定することができた。

この結果は、患者に対する精神科医の非言語的な反応の方が、面接の最後に精神科医が意識的に行った評定よりも、患者の自殺リスクをより的確にアセスメントしているということを示している。ここで重要なのは、精神科医自身が、自分の顔が自分の判断を何らかの形で示しているということに気が付いていないことである。精神科医は、自分の表情に具体化されたメッセージを適切にとらえ、用いることに失敗しているわけである。

他の種類の研究では、母親の顔の役割について興味深い示唆がなされている。神経精神分析的研究が明らかにするのは、子どもは母親と表情のやり取りを通して、子どもが自分の感情体験を認識し、自分の情動状態を調整することを学ぶことである。ショア（Schore, 1994, 2001a, 2001b）は、子どもが、二歳になるまでの間に、母親の顔を通して母親の情動調整の方法を「ダウンロード」するプロセスを明らかにしている。ショア（Shore, 1994）は、この発見は、人間の感情発達にとって、母親と子どもとの対面の相互交流の重要性を神経学的に裏付けるものであると強調している。

この知見を精神分析的関係に適用するならば、分析家の顔は患者の感情状態を再演（enact）する場であり、患者はそこに自分や分析家の主観性を認識したり、それを通して自分の情動を調整したりするということができる。患者は自分の苦悩の本当の程度を知らずに語り、それを聞く分析家の顔が苦痛にゆがむのを見て、初めて自分の苦悩の深さや体験の痛みを知る。虐待を受けていた患者は、分析家がその話を辛そうに聞くからこそ、「ああ、自分は本当にひどい扱いを受けたと思ってもいいのだ」と実感することができるのである。つまり、患者のトラウマは分析家の顔に浮かび上がる。分析家の顔の治療的役割を検証することは、そこからさらに多くの深い臨床的示唆を得ることができるだろう。

2　外傷化された患者と、分析家の顔の二分化

では、分析家が外傷化された患者と会っているとき、分析家の顔には何が起こっているのだろうか。外傷化された患者によって、分析家の顔はどのように認知されているのだろうか。そして、その出会いの中で、分析家は自分の顔をどのように体験しているのだろうか。

外傷化された患者が、他者に影響を与え、他者から影響を与えられることを恐れることはよく知られている。患者と分析家によってオーガナイズされたそのような関係システムは、変容に開かれた形にならず、分析家の影響によってシステムが摂動する余地を小さくするように固く閉ざされる (Brandchaft, 1993; Beebe & Lachmann, 2002; Stolorow, 2007; Brothers, 2008; Togashi, 2014a; Togashi & Kottler, 2012a)。

変容に開かれた側面が少なくオーガナイズされた心理的システムは、いくつかの次元でものごとを二分化する傾向が見られる (Beebe & Lachmann, 2002; Brothers, 2008; Togashi, 2012, 2014a; Togashi & Kottler, 2012a)。そうなると、思考や感情、相互交流など、多くの心理的現象は、二つの極に分かれ、一方だけが極端に強調される。世界貿易センタービルのテロ事件を経験した人たちの心理的状態についてブラザーズ (Brothers, 2008) は、そういった人々が、「敵か味方か」「自分たちと同じか違うか」という二分法に陥っていることを指摘している。人間世界は、基本的に不確かなものだ、と体験されるのである。トラウマは、人を不確かさに耐えられなくし、二分法に陥れる。人々はその二分法の中で、ようやく世界を確かなものだと感じられる。

第7章で紹介したように，オーストラリアの神経心理学者で，精神科医，精神分析家でもあるミアーズ (Meares, 1993, 1999, 2000, 2001, 2004, 2005, 2012a, 2012b) は，ウィリアム・ジェームズの「二重自己」(James, 1892, p. 176) を引用して，「二重意識」のモデルを提唱する。ミアーズは，自己という体験は，意識の二つの流れをプロセスすることによってオーガナイズされるもので，その二つの流れの一方は，外的な刺激に向けられた意識で，もう一つは内的な感覚に向けられたものだと考える。ミアーズ (Mears, 2012) は，ウィリアム・ジェームズが「誰かが見る私と自分 (Me and I)」と呼ぶところにならって，「知られるものと，知るもの」という言葉でその二重性を表現している。

ミアーズ (Mears, 2000, 2001, 2005) にとって，健康な自己は第三の流れとして生じるもので，二つの意識の流れをまとめたり，統合したりするプロセスの中に生まれる。逆に，境界性パーソナリティ障害などの精神病理は，二つの意識の一方の流れが欠損した状態として理解される。外傷化された患者の心理的プロセスでは，内的な意識は失われ，患者の記憶システムは内的な状態や体験よりも，その人が観察した事実にとどめ置かれる (Mears, 1999, 2004)。彼の考えが示しているのは，心理的トラウマは，二つの意識の一方が極端に強調される形で生じるということである。

動的システム論もまた，二分化の現象を「中間域バランス」の喪失としてとらえる (Beebe & Jaffe, 1999; Beebe & Lachmann, 2002)。セレンとスミス (Thelen & Smith, 1994) によれば，関係が病理的になるのは，特定のパターンが強く形成されすぎたり，パターンが無秩序化しているときである。同じか違うか，敵か味方かなど，一方だけが強調されているのは，関係のシステムが極端な形で一方の極に傾きすぎていることを示しており，そのような分析関係においてオーガナイズされた情緒的体験は，変容に開かれた形にならない。ビービーとラックマン (Beebe & Lachmann, 2002) は，分析家と患者が互いの行動の動きを追跡するような関係において、過剰なマッチングのパターンを見出しているが、彼らは、そのようなタイプの関係を過剰警戒状態と呼んでいる。

そのように考えると、外傷化された患者の心理的システムが二分化するとき、患者をみている治療者の顔は、二分化された状態になり、その一方だけが顕著に表れると予想される。では、その二分化は、分析家の顔にどのように生じ、どんなプロセスでそうなるのだろうか。二分されたものは、その折り合いをつけることができるのだろうか。以下、三つの領域において、それらを検証してみたい。それは、表情の動き、間主観的フィールド、そして、情緒的体験である。

表情の二分化：身体的プロセス

ビービー（Beebe, 2004）は、深刻なトラウマ体験のある女性患者とのセッションで、自分の顔をビデオ撮影して、その様子を分析している。患者のドロセスは、二歳半から四歳まで、情緒的、身体的、性的虐待を受けていた。彼女は、自分の顔も、他者の顔も非常に気にする人だった。治療を開始してから一年半も経つ頃、ビービーは、ドロセスが治療者の顔を見ることができないことに気がついた。彼女は頭を下げて足元を見たままで話をすることがほとんどで、治療者の顔をちらっと見ることさえまれだった。そこでビービーは、自分の顔をビデオ撮影し、セッションの後にそれを再生してドロセスに見てもらうことにしたのである。

ビービー（Beebe, 2004）は、その録画したビデオの分析も行っている。それによれば、ドロセスがうまくビービーとかかわれなかった治療初期には、ビービーの顔はあまり動いていなかった。ビービーは「話していない時は、しばしば（気がつかないうちに）体を完全に静止したままにしていた」（Beebe, 2004, 邦訳 p. 146）。一方でビービーは、「過剰警戒」状態でもあり、患者の顔をまじまじと凝視してもいた。しかし、治療開始一〇年後に撮った私の顔のビデオ録画は、私が以前に比べずいぶん動いていること、とくに頭が動いているのを示している。この時期になると、私の体が完全に静止していることはない」（Beebe, 2004, 邦訳 p. 148）のである。ビービーの研究は、分析家が外傷化された患者に会うとき、その顔はあまり動かず、無表情のままでいることを示している。ここで重要なのは、ビービーの顔が無表情であるにもかかわらず、ビービーの覚醒水準が高められた状態にあることである。ビービーは、「彼女（患者）から目を離すことができず、彼女の身体や声のあらゆる動きを追いかけて、とにかく彼女の言葉を追いかけていたが、自分の活動の水準は驚くほど沈静化させていた」（Beebe, 2004, p. 44）のである。これはまさに、表情、または身体的プロセスの二分化と乖離（disjunction）であり、外傷化された関係システムの指標と言えるだろう。

ビービー（Beebe, 2004）は、分析家が自分の表情に敏感になり、インプリシットな水準で患者の動きに自分をマッチさせる重要性について論じているが、そのマッチングとは、両者が完全に歩調を合わせるようなものを意味しているわけではない。彼女は、患者が抑うつ的で顔の動きが少ない場合、分析家は自分の顔の動きを同じように調整しつつ、しかし、患者よりも少しだけ動きをつけるようにすることを勧めている。患者の表情が活発な場合、分析家は患者の活発さの水準に調整することを求められるが、少しだけその活発さを落とした形でかかわる。そのような相互交流に敏感であるようにして、分析家はその調整のプロセスに参加することが求められる。

間主観的領域における二分化：患者によって知覚された顔

秀樹（Togashi & Kottler, 2012a, 2015）は、治療者の顔を見ることを恐れていた。彼は、治療者の顔が厳しく冷たいものになることを恐れていただけでなく、治療者の顔が温かく優しくなることも恐れていた。

治療者の顔についての秀樹の思いを話し合う中で，彼と治療者は最終的に，秀樹は，治療者が彼を自分と似たような人間だとか，彼の語る話の中に似たようなところを感じ取ったりすることを恐れているのだという理解に到達した。彼は，自分の外傷的体験の基本的な「独自性（uniqueness）」を失うことを嫌がっていた。彼は，自分の体験を誰かと共有できる仲間を見つけたいと思いつつも，同時に，治療者の主観性が彼の主観性に混ざり合うことで，自分の体験の独自性を失うことも警戒していたのである。

外傷化された患者にとって，治療者の顔は，患者と治療者の主観性が相互に影響を与え合うフィールドとして機能していない。筆者の言葉で言えば，それは，患者が自分自身や自分自身にないものをそこに見つけ出そうとし，分析家がそこに自分や自分自身にないものを見つけ出そうとする相互的なコミュニケーションの場（Togashi, 2012）になっていないのである。患者は，患者自身や治療者の主観性を同時に知覚することができず，間主観的なフィールドは，解離した二つの主観性に分断されている。外傷化された患者と治療者の関係は，「あなたの体験」と「私の体験」とに二分化されてしまっている。

この知見は，患者の再自殺企図リスクについて調査したハイナル＝レイモンドとジョンソン，マグソン（Haynal-Reymond, Jonsson, & Magusson, 2005）の研究結果と一致する。彼らは，精神科医と患者の表情の相互交流の手続き的パターン（Ｔパターン）について，ＴＨＥＭＥ分析を行った。そして彼らは，再自殺企図患者と治療者の顔の手続き的相互交流は，非再自殺企図患者と治療者のそれと比べて，より相互的ではなく，個別的になっていることを発見した。さらに，再自殺企図患者について，精神科医との相互交流の手続き的パターン（Ｔパターン）は，非再自殺企図患者のそれと比べると，バラエティに乏しく，パターンの種類があまり豊かではないことがわかった。つまり，重度の抑うつ患者や，病理性の高い患者とのコミュニケーションでは，治療者の顔は，相互的やり取りの場になるというよりも，患者のまとまらない情緒状態を一方的に反映するようなものになっているわけである。

別の研究で筆者ら（Togashi & Kottler, 2012a; Togashi & Brothers, 2015）は，そのような患者との治療で重要なのは，治療者が，患者が「闇の中の同朋」（Stolorow, 2007）を求めていることを理解すると同時に，その外傷体験が誰にも共有できない独自のものであることを尊重することだと述べた。治療者が患者との類似性を強調しすぎると，治療者は患者が自分の体験の独自性を承認することに失敗することになり，治療者が患者の体験の独自性を強調しすぎると，患者が似たような体験についての情緒的共有を求めていることを理解することに失敗することになる。治療者は，治療者と患者の関係が非常に繊細で微妙なバランスで成り立っていることを認識する必要があるわけである。

情緒体験の二分化：分析家自身が体験する分析家の顔

筆者が以前みていた三十代の女性患者は，深刻な摂食障害と抑うつ感を訴えていた。彼女は，前夫のひどい暴力と度重なる浮気のために離婚したあと，自分自身の情緒を深く体験することができなくなっていることに気がついた。もちろん彼女は，単純な現実的な出来事に困難を覚えているときには，それをとらえることができた。たとえば，彼女が地下鉄に携帯電話を落としてきてしまったときには，そのときの不安感や不快感を自分の口で語ることは簡単だった。しかし，複雑な対人関係の問題となると，彼女は，自分の情緒体験にアクセスすることができなくなってしまうようだった。彼女は，他者との関係において，自分が何を望んでいるのかわからず，結果として，他者の要求にそのまま従ってしまう傾向があった。彼女はしばしば，街で声をかけてきた男性と一夜限りの性的な関係を持ったり，相手が望むままに暴力的なセックスに応じたりした。それでも彼女は，その出会いの中で自分が何を感じていたのかわからず，そのときの自分の情緒体験は重要なことではないかのように振る舞った。

治療者は、彼女が感じていることをうまく把握することができなかった。彼女はときに、通常ならばひどい苦痛を感じるだろうと思われる出来事を語ったが、そのときでさえ、治療者は彼女の顔に何か情緒的な動きを見つけることも、情緒的混乱のサインを見つけることもできなかった。あるときには、治療者は、彼女の情緒体験を読みとるために、しばらくの間自分の感情を抑え、彼女の顔をじっと凝視しなければならなかった。またあるときには、治療者は、彼女が感じているものを彼女に感じ取らせるために、積極的に質問を投げかけなければならなかった。しかし、いずれの試みも、結局は失敗に終わった。

困った治療者は、ビービーの研究（Beebe, 2004）を思い出した。その研究に興味を惹かれていた治療者は、セッションの間、自分の顔がどのようになっているのかをイメージしてみることにした。自分の顔を思い浮かべることは、自分たちの関係の問題を明らかにする方法として優れていた。治療者は実際に自分の顔がどうなっているのかを視覚的に確認できたわけではないが、それでも、自分の顔が二つの極端な状態、つまり、無表情と活発との二つの間を揺れ動いていることをとらえることができた。

患者が一晩限りの男性と関係を持ち、性的にも暴力的にもひどい扱いを受けたことを知ったとき、治療者の顔は固まったまま動かないようになっており、唯一眉間にだけしわが寄っていることを感じ取ることができた。この場合、治療者は、彼女の性的乱脈にショックを受けて混乱していて、なぜわざわざ彼女が自分を悪い方向に追い込んでいくのか、その理由を探そうとしていた。一方で治療者は、他の話を聞いているときには、自分の顔がひどく活発に動いていることを感じた。自分の目は大変忙しく、くるくると動いていて、自分の面接室のさまざまな部分に目を動かしていた。本棚であったり、机であったり、時計であったり、あるいは、患者の顔であったりなどである。この場合、治療者は、彼女が自分を傷つけるような行動を止めるための具体的な方法を探していた。言いかえれば，治療者の顔が無表情なとき，治療者は理由を彼女の過去の情報の中に探そうとしており，顔が活発なとき，治療者は，患者にそうしてほしいと願う未来の具体的な解決策を探していた。

過去と未来との二分化は，分析家と患者が希望を見つけ，苦しい人生において意味を見出そうとする作業を妨げてしまう。治療者が過去のみを見ているとき，治療者が主に関心を持っているのは苦しい出来事の理由で，治療者は知らず知らずのうちに，すべての理由を過去に還元してしまう。治療者が未来のみを見ているとき，治療者は主に困難な状況の解決策を探すことに関心を向けている。両極端の間にこそ，私たち臨床家は，患者と分析家が情緒的体験の「意味了解の共同作業（make sense together）」（Orange, 1995）を行う領域を作り出さなければならない。

3　考　察

ここまで筆者は，外傷化された患者をみているときに分析家の顔に生じる，三つのタイプの二分化について議論してきた。その三つとは，分析家の顔の動き，間主観的フィールド，そして，分析家の情緒体験である。図4に示したように，その二分化は①観察された（ビデオに撮影された）顔，②患者によって知覚された顔，③分析家自身が体験している顔，と呼ぶこともできる。

分析家の最初の仕事は，この二分化を見つけ出すことである。自分の顔に二分化が感じられるとき，それは，治療的行き詰まりのサインとなっているかもしれない。治療者は，その関係システムが，硬く構造化されてしまっていることに気づくだろう。そのような次元に注目し，二分化を変えようと試みることで，分析家は，関係を調整する方法を見出すことができるだろう。いくつかの例では，分析家が，患者が知覚していた分析家の表情

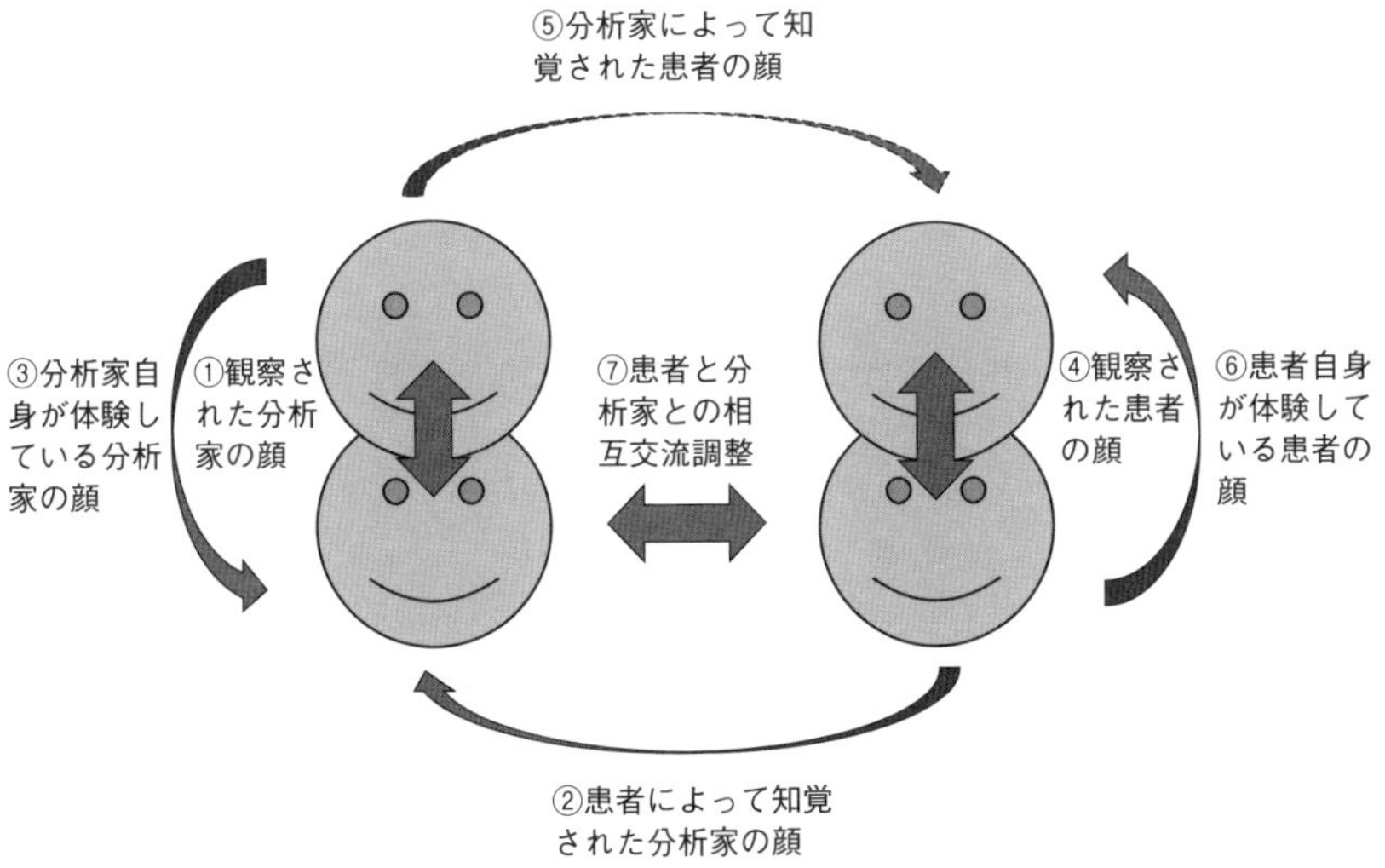

図4　分析家と患者の顔の二分化の次元

や、分析家が体験している分析家自身の顔の様子について、セッションでの話し合いのテーマとして取り上げることが有効かもしれない。そのプロセス自体が、外傷化された関係のシステムを摂動させることになるかもしれないからである。

本章では分析家の顔に焦点を当てたため、ここでの議論はこの三つの次元に絞られていた。しかし、図4を見てもらうとわかるように、そこには他の次元もある。④観察された（ビデオ録画された）患者の顔、⑤分析家によって知覚された患者の顔、そして、⑥患者自身が体験している患者の顔である。それらの次元においてもまた、二分化がどのように表れるのかを検討する必要があるだろう。

さらにもう一つ重要な次元がある。それは⑦分析家の顔と患者の顔との相互交流調整プロセスである。健康な関係システムにおいては、二つの顔の間では、インプリシットな次元でも、エクスプリシットな次元でも、たくさんの心理的プロセスが、互いに適度にマッチしながら進んでいる。しかし、私たちは、分析家の顔にあらわれた二分化が、その相互交流調整によってどのような影響をうけているのか、その二分化が調整にどのような影響を与えているのかを、まだよく知らない。分析家の顔と相互交流調整プロセスについてのさらなる実証的、臨床的研究が期待されるところである。

オレンジ（Orange, 2010）とスターン（Stern, 2010）が美しく記述したように、患者のトラウマはその体験を聞いている相手の顔に現れる。患者が自分のトラウマの本当に深い意味や自分にとっての衝撃の大きさを知るのは、患者が分析家の顔の中に自分のトラウマの痕跡を発見したときなのである。同じ理由から、患者の顔を通して、分析家は自分の感情の意味を認識することができるはずである。筆者が以前論じたように、セッションの中で意味了解の共同作業のプロセスを促進するのは、分析家と患者の双方が、相手の顔に自分自身や、自分ではないものを見出すという営みである（Togashi, 2012）。患者の顔を通して分析自身の感情の意味を認識するプロセスを探索することで、精神分析臨床の相互交流理解について、より深い示唆を得ることができるかもしれない。

第12章 リアリティ、操作不可能性、トラウマ

現実とは何だろうか。これを問いだすと、非常にややこしいことになる。なぜならば、現実がどこにあり、どのようなものであるのかは、厳密に言えば私たちには決してとらえることができないからである。一般的な語感に含まれる二分法で見たときの「現実」が私たちの外側にある世界の一つの側面を意味するならば、その世界をとらえているのは私たちの内側にある主観である。主観は私たちの関心や興味、世界観によって彩られている。外側の世界は、その主観によって知覚され統合されたものであり、私たちは、どこからどこまでが外側の世界で、どこからどこまでが自分の内側の世界なのか、区別することはできない。どんなに科学技術が発達し、それによって一見主観とは切り離された物差しで「現実」を測定することができるようになったように見えても、その測定された結果を読み取るのは私たちの主観だからである。

この認識論的命題に対して臨床精神分析の視点から議論をするにあたって、筆者はしばらく「現実」という用語を「主観から切り離された心の外側にある世界の一側面」を意味するものとして使うが、それは、そうした世界があると仮定した場合の記述で、実際にそのような世界が存在すると考えているわけではない。それはあくまでも操作的な定義である。筆者は、現実を心の外側の世界だと位置づけること自体、本来は意味のないことだと思っている。

では、現実はとらえられないのだから考えなくてもよいのかといえば、そうはいかない。精神分析家として私たちが扱う問題は、常に現実的である。現実的な問題がない心理的な問題はない。心の中の空想がどれだけ不道徳で無秩序でも、心の中にあると想定される自我や対象関係のバランスがどれだけ悪くても、職場での対人関係が豊かで、本人や周りがそれに違和感を覚えない限り、そこには何の問題も生じないからである。極端なことを言えば、記憶も情動も思考もばらばらで機能していなかったとしても、毎日寝て、食べて、排泄して暮らしているならば、それ以上のことは何もない。同様に、心理的な問題と切り離された現実的な問題もない。一千万円という「現実」の借金の額が抑うつ感を引き起こすかどうかは、その人がその金額を主観の中でどう位置づけるのかによって変わる。心理的問題とは現実的問題で、現実的問題は心理的問題である。この二つは区別することはできない。

しかし私たちは、知らず知らずのうちに、自分たちが扱っている問題を現実的なものと心理的なものとに区別し、直線的還元論をもって両者を因果関係で結びつけようとする。心気的な訴えをする患者に、「それは心の問題だよ」と伝えるときがそのよい例である。その言葉を発するとき、私たちの中では、体の現象と心の現象とが切り離され、「現実的な」症状を心のプロセスだけで説明できるという判断がなされている。しかし実際には、生理学的な変化がまったくない心気的症状はない。

逆の場合もある。ある患者がしばらくの間機嫌をよくしていて、対人関係も良好で、仕事も元気にこなしていたとする。本人も抑うつ的だった頃とは違って調子がよく、生活に大きな問題を感じていなかったとする。しかし、よく聞いてみると彼は、いつかは経済的に行き詰まるほど大量の買い物をしていることがわかる。治療者は患者に、買い物についてどのように思っているのかと尋ねるが、気分障害のある患者は何も問題を感じていないと言う。それればかりか、その患者は、自分はむしろ調子がよいのでそのまま買い物を続けるつもりだと宣言する。治療者はしばらく悩んだ挙句、患者に対し「これは現実の問題です。あなたがどのように思っていようと、しばらく買い物を中止するように強く求めます。それでないとあなた自身の首を絞めることになるからです」と伝える。治療者はセッションの後、同僚との雑談でそのことに触れ、「とにかくあれは、現実的な問題だから、現実的に対処するしかないよ」と述べる。治療者は、その問題が患者の心の動きと関係していることは認識しているものの、行動上の対応を、心理的対応とは区別される現実的なものと考えているわけである。

心の内側と外側という議論において、現実を位置づけるには三つの方略があるようである。一つは、現実は心の外側の事象だと考え、極力主観を排除して、可能なかぎり主観的色彩を除いたもののみを現実として扱う方法、もう一つは、現実は心の外側の事象だと考えたうえで、すべての現実は心の内側の動きに還元できると仮定し、内的な現実だけを取り扱う方法、三つめは、外的世界も内的世界もどちらも純粋な形で取り出すことはできないという仮定のもと、現実はその中間領域に浮かび上がるものだと考える方法である。

第一の方略は、極端な行動主義心理学に見られるものだろう。精神分析はこの方略を用いなかった。フロイトが選んだのは第二の方略である。もちろん、彼もまっすぐにそこへたどり着いたわけではない。また、この問題に迷わなかったわけでもない。彼の迷いは、誘惑説から空想説へと重点を移動させていく精神神経症の原因論についての考察と、現実神経症（Freud, 1898）という言葉の中に見ることができる。

フロイトは、誘惑説から空想説へと重点を移動した。彼は、ヒステリー患者が語る幼少期の性的な外傷体験は実際に生じたものではなく、患者の空想から生じている可能性があると考えた。彼は、ヒステリー患者たちは、道徳的に受け入れがたい空想によって道徳意識が圧倒されるのを避けるため、その衝動を抑え込んだと理解したのである。それによって彼は、外的な大きな刺激によって機能不全に陥ってしまった場合の心理的症状（もともとの誘惑説）や、生物学的願望が満たされずに生理学的バランスを欠いた場合の心理的症状（現実神経症）とは異なる心的病因論を明らかにした。彼は、内的空想によってシステムがバランスを失うことがあるという心理的構造体を想定することで、現実の影響から切り離され、それ単独で神経症症状を形成する心のシステムを描き出したのである。

この考え方は画期的だった。というのも、もし純粋な外的現実というものがあり、神経症がそれに対する反応とされるならば、その問題は根本的には解決不可能になってしまうからである。フロイトの理論を用いることで、分析家は、現実の問題を心の中のプロセスに還元し、心の中の問題として処理することで、原因から結果までを組み替えられるという発想を持つことができたわけである。もともとは父親の暴力にさらされたことから始まった問題だとしても、それが長い間に心の中の表象として形成され、それが現実の対人関係に問題を生じさせていると考えられるならば、心の中の表象を組みかえれば解決できるという発想になるからである。

第三の方略は、ウィニコット（Winnicott, 1971）やオグデン（Ogden, 1986）などの考え方に見ることができる。彼らは、現実は外側にだけあるのでも、内側にだけあるのでもないと考える。彼らは、心的世界が展開するのはそのどちらでもない第三の領域であるとして、現実や空想を含めた人間の知覚や文化的体験をその領域で扱おうとした。彼らの考えでは、移行現象、文化、直観、夢見ること、想像性などは、いずれも可能性を含んだその領域において浮かび上がる。オグデンは特に、外部的なものと内部的なものとの弁証法的対話を重視しており、それはやがて、主体と主体との出会いを超えた第三主体を含む間主体的プロセスの考え方につながっていく（Ogden, 1994）。

本章で筆者は、現代自己心理学の立場から現実を考察するが、この三つの立場のいずれかによるというものではない。筆者を含む現代自己心理学の理論家たちは、外側と内側、第三の領域という区別にあまり注目しない。現実の空間的位置を仮定した議論自体、操作的なものだと考えるからである（Ulman & Brothers, 1988;

Brothers, 2008; Togashi, 2014a, 2014d)。同時に私たちは、現実が存在しないとか、現実はまったくとらえどころがないとか考えているわけでもない。現実が持つ情緒的インパクトは非常に重要なものだと考える。自分の体験や理解がビビッドで、自分の感覚に合っているとき、私たちは「体験にリアリティがある」と表現することがあるが、それはまさにそのインパクトについて言及したものだろう。この点については、ブランチャフ (Brandchaft, 1993) の「疑問の余地さえない現実 (not-to-be-questioned reality)」や、オレンジ (Orange, 1995) の「情緒的確信 (emotional conviction)」、そして岡野 (2002) の「インパクト」などでも論じられている。この考え方において、私たちが臨床的に扱っている現実は「他者との関係のフィールドにおいて、ある程度の情緒的な確かさとインパクトを持ってそこにいる人たちの主観性に浮かび上がってくる世界のあり様」と定義される。

現実についての臨床的な意味は、二つの側面から考えることができる。一つは、分析家と患者が、外と内の空間的な区別ができない中で、「現実」を考えつつ仕事をすることの意味である。分析家は現実の空間的位置を把握する専門家ではない。正確な「現実」を知ることができる専門家でもないし、純粋な心をとらえることができる専門家でもない。分析家は患者と同様に、外と内を区別することができない。分析家も患者も、現実と心が正確にどこにあるのか、どのようなものなのかを知ることはできない。大切なのは、患者と分析家が正確な現実や心を取り出すことではなく、どちらも曖昧模糊とした中で作業をすることで生じる臨床的な理解やかかわり方の変化や、臨床的な営みの意味をとらえることである。現代自己心理学理論や間主観性理論が追求してきたのは、臨床家のそういった感性である (Orange, Stolorow, & Atwood, 1997; Orange, 1995)。

もう一つの視点は、操作不可能なものを操作不可能なまま分析することの臨床的意味である。人が「現実と呼ぶ何か」が持っている情緒的インパクトの中に「操作不可能性」がある。それは、「予測不可能性」とか「偶然性」（Togashi, 2014a, 2014b）と呼ぶこともできる。自分が障害をもって生まれたこと，自分の容姿がとてもよく注目されすぎること，両親が災害で死んでしまったこと，患者が転勤で遠く離れた土地に引っ越してしまうことなど，こうした「現実」は，操作不可能性という質的規定を含んでいる。その操作不可能性を物理的，心理的に変えようとするのが，美容整形や空想，司法的判断だとすると，そうした操作不可能性の中で生きる意味を問うのが，精神分析の一つの仕事だといえるかもしれない。これは，トラウマをどのようにとらえるのかということと，深く関係している。

以下，外的世界と内的世界の二分法的区別から生じる臨床的問題についてレビューしたのち，現実の臨床的意味と操作不可能性という二つの視点から，現代自己心理学にとっての「現実」の問題について論じる。

1　現実と，外的・内的の二分法

精神分析は，「外的現実」と「内的現実」という言葉を用いて，「現実」を二つの種類に区別してきた（Mion, 2010）。精神分析は，内側でとらえた世界とは必ずしも一致せず，自分の主体性によって統制されない流れを持つ世界を「外的現実」，知覚された外的現実を取り入れながらも，自分の体験の歴史と心の中の他の力とのバランスを調整してオーガナイズされた心の中の世界を「内的現実」と呼んだ。

興味深いことに，フロイト自身は「内的現実」という言葉をあまり用いていない（Freud, 1927）。「心的現実（psychic reality）」という言葉も，フロイト以後に多くの精神分析家が内的なプロセスを説明するために用いているが，フロイト自身が直接その言葉を用いた場面は決して多くない（Freud, 1916b）。一方で「外的現実」や「現実検討」といった言葉は，非常に多くの論文で用いられている。そうしたことからも，彼にとって現実とは「外側の世界」を意味するものであったことがわかる。彼にとって現実とは、両親に代表される形で、心の中の願望を抑え込んだり、変形させたりすることを求める外側の環境を意味していた。

フロイト（Freud, 1923）の構造論では、自我は二つの「外的世界」にはさまれていて、その媒介役を担うことになっている。二つとは、いわゆる外的現実とイドである。外的現実は、成長とともに、自我が自分とは異なる流れにあるものとして区別するようになるものだが、イドも同様である。イドはもともとは自我の起源になっているものの、フロイトは「イドは自我にとって、もう一つの外の世界である」（Freud, 1923, p. 55）と述べ、イドは成長した自我によって、生物学的基盤をもとに構成された自分とは異なる流れとして扱われるようになるとされている。ここで重要なのは、自我は、もともとは自分と一体だったものを、自分とは異なる流れにあるものだと区別するようになる点である。この自我のモデル自体が、私たちが普段陥りやすい誤った二分法そのものを反映している形になっている。つまり、内と外が区別されるように見えるのは、自我による認識の結果なのである。

自我の「現実検討性」を追求したハルトマン（Hartmann, 1956）は、自我には自分とそれ以外とを区別する以上の機能があると考えた。彼は「フロイトの『心的現実』は、空想の活動が現実的行動と同様の動機づけ力になると位置づけられ、人間の心的組織には、現実検討が働かない部分があることを示している」（p. 50）が、自分は「内的現実」をという言葉でそれとは異なるプロセスについて言及していると述べる。彼は「心的機能は、すべからく現実的である」（p. 50）と述べて、現実を取り込んでいない内的世界はないと主張し、自我の適応にとって重要なのは外的世界と内的世界の関係のあり方だと強調した。彼にとって自我は、環境と自分を区別して、どちらかを変える機能を持っているだけでなく、環境と自分との関係を調整する機能を持つものだった。

しかし彼は、内側と外側という点に関して言えば、「私は繰り返し外的現実と内的現実を対比させながらここでの議論を進めている」（p. 50）と述べ、フロイトの二分法を踏襲している。

こうした二分法には、どのような問題が含まれているのだろうか。間主観性システム理論の考え方から、ストロロウとアトウッド、オレンジ（Stolorow, Atwood, & Orange, 1999）は以下のように述べている。

> この教義は人の主観的世界を外的領域と内的領域に二分し、結果として生じる二つの分断を具体化し、絶対化するものである。この教義は、心を、他の対象の中のしかるべき位置をしめる客観的実体で、「ものを考える何か」として描きだす。そこに描かれているのは、中になんらかの内容物をもったその客観的実体が、本質的になじまない外的世界に向き合っているという構図である。（p. 381）

外的世界と内的世界の二分法は、区別された領域をそれぞれ実体化し、そこに何かの真実があるという発想へとつながる。分析家は、外的世界と内的世界の真実を特定し、それを解説する絶対者になりやすく、自分が言葉にしていることは正しい答えや真実だと考えやすくなる。私の考えでは、解釈とは、あくまでもその人がそのように意味づけたものでしかなく、それがその患者にとって役に立つのかどうかはわからない。極端なことを言えば、患者の感じていることとまったくかみ合っていない頓珍漢な解釈でも、十分患者に役に立つことはある。一方で患者が、治療者の解釈を「正しい意見だ」と体験したとしても、それは、その二人の間で間主観的に意味づけられた「主観的真実」（Stolorow, Atwood, & Orange, 1999）であって、治療者が、解釈以前からそこにあった絶対的真実を発見し説明したわけではない。

たとえば、筆者の患者の一人は、しばしば「先生は私を嫌っている」と主張した。彼は、治療者がその頃数回のセッションにわたって、終了を告げるとともに「ふーっ」とため息をついたというのである。そして彼は、それは、治療者が彼のセッションにうんざりしていて、彼を嫌っている証拠だと考えた。治療者はそれを聞き、まず「ため息なんかついたかな?」と振り返った。そして治療者は、「記憶にないが、もしそうだとしても、自分は別に彼を嫌っていないのだけどな」と思った。それから治療者は彼に対して、「私があなたを嫌っているというように見えるのは、あなたの中で私がどんな存在になっているということなのでしょう」と尋ねた。彼はそれを聞いて、「先生は私の認識がおかしいというのですか」と語気を荒くした。

この短いやり取りにおいて治療者は、「私があなたを嫌っているというように見えるのは、あなたの中で私がどんな存在になっているということなのでしょう」と尋ねた瞬間、すでに内と外の二分法でものを考えていたことになる。外にある「治療者」のあり方と、彼のとらえた「治療者」のそれとを分けたのである。しかも治療者は、彼がとらえた治療者は間違っていると判断していた。彼の中には何らかの悪いイメージがあり、彼が見た治療者はその色に染まっていると考えたのである。それによって治療者は、自分が彼を嫌っている可能性、あるいは、少なくとも彼を嫌っているかのように見える言動をしている可能性を排除したわけである。そこにあるのは、彼がその歪んだ認知に気がついて、それを彼の中で修正してくれないだろうか、という彼に対する期待である。その根底にあるのは、彼の心の中の問題は、彼の心の中で組み替えなければならない、という発想である。その後彼は、「結局先生は、私の言うことはおかしいと思っているのです。私のことを嫌いなので、私の発言は真剣に考えるつもりがないのです」と主張するようになり、関係は膠着状態に陥った。

2　現実の臨床的意味

現代自己心理学のシステム理論や間主観性システム理論は、現実の空間的位置の議論を超えたところに臨床的注目点があると考える（Stolorow & Atwood, 1994, 1997）。こうした理論は特に，どのようにしてその「現実」がその二者の間に浮かび上がってきたのか，どのようにして二者の間で相容れない「現実」が浮かび上がってきたのか，その「現実」をその二者はどのようにして意味づけようとするのかといった，現実にまつわる二者関係のプロセスをとらえようとする。

システム理論が前提とする考え方は，精神分析的二者関係に生じる現象は，さまざまな要素が非線形に影響を与え合う中で浮かび上がるというものである。治療者の主観性や患者の主観性は，さまざまな側面が輻輳的に絡み合ってオーガナイズされたもので，それらは変容し続けていて，互いに影響を与え合ったり，与え合わなかったりして関係を織りなしていく。自己体験の状態，かかわりに対する動機づけ，情動，認知，知覚，愛着，生理的状態は，それぞれが複数の要素から構成され，二者関係では，その要素のどれかが前景に出たり，背景に退いたりしながら進んでいく。たとえば，治療者は，ある面では患者にうんざりしつつ，どこかでほほえましく感じ，別のところでは苛立ったり，期待を感じたりしながら，話を進めていくだろう。もちろん，そこには患者とは直接関係が無い情動や気分もあるだろう。たとえば治療者は，そのセッションの直前に投稿論文が査読に通過した手紙を受け取ったので，気分が高ぶっているかもしれない。あるいは治療者は，大学の仕事に疲弊して集中力を欠いているかもしれない。そうしたなかで，治療者の行動や判断，表情，態度といった「現実」が二人の間に浮かびあがるわけである。

そのように考えると，先に挙げた例でも，患者は「先生は私を嫌っている」と認知しているが，それは正しいとも間違っているともいえない。彼は，治療者が複数回にわたってため息をついたことを知覚し，それを「先生は自分にうんざりしている」証拠だと理解した。治療者はその前後，患者の言動を何となくほほえましく感じていたので，そんなことはないとすぐに判断したが，それでも，その背景には少しだけうんざりした気持ちと苛立ちが流れていたかもしれない。そんな流れの中で、先に述べた患者の発言がなされるセッションを迎えるわけだが、その日の治療者は大学の仕事で疲れていたところに査読通過の手紙を受け取り、気持ちが高ぶりつつもいつもよりは集中力を欠いていたかもしれない。ややこしいのは、治療者が理解した「患者の中には何らかの悪いイメージがあり、彼が見た治療者はその色に染まっている」という「現実」もまた、間違っているわけではないということである。そうした彼自身の過去の体験や感情の影響も受けつつ、彼は治療者の態度や感情を敏感にとらえていて、それが彼と治療者がとらえる現実になるからである。

そうなると治療者と患者にとって重要なのは、その現実が、どのようなプロセスで生じたのかをとらえようとする感性と、それをどのように意味づけるのかということになる。この事例で言えば、こののち患者と治療者は、彼がいかに敏感に治療者の顔色を気にしていたのかについて話し合う。彼は、待合室に治療者が顔を出した瞬間から、その表情のちょっとした動きをとらえようとし、治療者のその日の気分を同定しようとした。そして、治療者が少しでも元気がないように見えると、彼は落ち込み、不安になり、表情を曇らせた。治療者も彼も、彼が治療者の表情を気にするのは、気分屋の父親の顔を彼がずっと気にしていたことと関係があることはわかっていたが、同時に共有したのは、治療者もまた、不安になった彼の様子を好ましく思えていなかったことである。彼は不安になるとはっきりしない口調で愚痴っぽく語る傾向があったので、そうなるかもしれない彼の不安そうな表情をみると、治療者はほんのわずかではあるもののめんどうくさいような気持になっていた可能性があった。二人にとって、互いに織りなしていた不安と落ち込みは、その関係に緊迫した空気を作り出し、それを患者は「先生は自分を嫌っている」ととらえ、治療者は「彼は私に不満を持っている」ととらえていたかもしれない。そのようにみることで、それぞれの「現実」が二人の間主観的な領域での「現実」になっていくプロセスが、二人にもとらえられるようになったのである。

重要なのは、間主観的な現実もまた、正しいとか間違っているとか判断されるべきものではないということである。それは二人によってその時その場にふさわしい形で意味づけられた現実である。治療者がとらえた現実だけ、あるいは、患者がとらえた現実だけが正しいという議論が意味をなさないのと同様に、二人によって意味づけられた現実が正しいという議論もまた意味をなさない。ただ、それは、それぞれがとらえた現実と同様に、それを共有する二人にとって強い情緒的確信（Orange, 1995）を持って迫ってくるものだということである。二人にとっては、「どうやら、そうやってお互いに誤解しつつ、相手の顔色をうかがっていたらしい。別に二人とも相手が嫌いではなかったらしいが、不安と不安でぶつかり合っていたらしい」という理解が、その膠着状態の説明として、強い確かさをもって迫ったのである。

現実を二人で織りなしていく作業という点では、もう一つ重要な視点がある。それは、それぞれの主観性を持った二人が、いつも共有できる現実を織りなせるわけではないことである。それぞれの確信は共有される側面がないまま、それぞれの確かさで、二人の間にズレたままでありつづけるかもしれないのである。これは現代自己心理学というよりは、ベンジャミン（Benjamin, 1988, 1990, 2005）らの関係精神分析が強調する間主観性（間主体性）の考え方から見るとよくわかる。彼女にとって間主観性は、出会った二人がそれぞれの主観性を照らし合わせながら、折り合いをつける（negotiate）プロセスである。彼女はそれを「現実性についての認識のズレとコンセンサスを積極的に作り出すプロセス」（Benjamin, 2005, p. 1）と説明する。それは、認識のズレをズレとして承認したまま、それでも互いに関係を作っていくような態度のことである。

上に述べた例でいえば、やがて患者は、「毎回のセッションで、先生が本当に自分ことを嫌っていないことを証明してほしい」と言うようになった。治療者はそれに困った。治療者から見ると、そのような方法はないように思えたからである。しかし、彼は何か方法があるはずだという。治療者は、彼がそうしたいという気持ちは理解できるものだとしても、それを確実なものにするために責任を持って自分の気持ちを証明することなどできないと伝えた。その上で治療者は、たとえばどのようにしてほしいのかと尋ねたが、彼は具体的な要望を口にしない。恐らく、彼にも具体的なことはイメージできなかったのだろう。治療者がたとえば、毎回のセッションで「私はあなたを嫌っていません」と発言したとしても、それが証明にならないことは彼もよく知っていたからである。何度も話し合ううちに互いに理解できたのは、治療者の気持ちを証明する手段は存在しないということだった。それに、仮に手段があったとしても、治療者がそれを実行してくれるかどうかわからない。彼は結局、治療者が彼を嫌っていないという確信を持つことはできなかった。治療者もまた、彼には自分が彼を嫌っているわけではないことを信じてほしいと願っていたが、彼がそう感じられない以上、それを変えることはできないことを認識した。互いの現実にはズレがあったが、二人はそれを認識したままやっていくしかないと結論を出したのである。最終的に治療者と患者は、その話し合いのプロセスについて話し合い、彼は、母親とはそのようなしっかりした話し合いを持ったことはなかったが、今回は違うと、治療者と折り合いをつける作業の体験の新しさに感動を覚えたようだった。

どちらの間主観性の考え方であっても、そこで行われるのは、現実の空間的な位置づけや誰の現実が正しいのかという議論ではなく、二人が二人の間で現実が扱われるプロセスをどのように見ることができるのかという議論である。現実がどこにあるのかとか、どちらの現実が正しいのかという議論は、詰まるところ一方が一方の確信を組み伏せるかどうかになってしまう。多くの場合それは、患者が治療者の確信を受け入れる形になるだろうが、治療者が患者の確信を受け入れてすべての問題の責任をかぶってしまうこともある。それは結局のところ臨床的作業の進展を妨げるかもしれず、場合によっては患者に何も益することなく治療が中断してしまうかもしれない。

3　現実とトラウマ、操作不可能性

フロイトによるヒステリーの病因論の議論からわかるように、現実が何かという問題はトラウマと関係している。人は、自分の振る舞いとは直接関係のない予測不可能な出来事に、因果関係なく襲われることがある（Togashi, 2015）。テロリストに攻撃されたビルに居合わせたこと、通り魔に出くわしたこと、津波が襲った時に海岸にいたことは、偶然の要素を含むもので、本人に操作できるものではない。トラウマティックな出来事を体験した人が、「なぜ、私が」と嘆くのは、その理由のなさ、操作不可能性に対するに想いからにほかならない。その操作不可能性に対する嘆きは、もちろん、大きな出来事だけでなくても、人の生活の各所にみられるものである。

ストロロウ（Stolorow, 2007）は、人の苦悩の本質を人間の存在の有限性と他者との結びつきの有限性に臨みつつ生きることにあるとして、「本来的な死＝へ臨む＝存在」とトラウマを結びつけた。そのような中で生きる人は世界の確かさを本質的には感じることができず、それができるとすれば唯一、自分たちが共通の有限性の中に生きていることを他の人と共有できるという確かさを通してのみであると考えた。ブラザーズ（Brothers, 2008）もまた、世界の不確かさの体験とトラウマという視点から論じている。筆者はそれを、世界の偶然性という点から考察し、偶然性はトラウマの中核的要素であると同時に、希望や可能性を作りだすものでもあることを明らかにした（Togashi, 2014a, 2015）。精神分析は、現実の空間的区別や、内在化された現実をワークスルーしながら変容させるといった議論を超え、人が操作不可能な世界で生きる意味を見出す作業の手助けにも踏み込んだのである。

操作不可能性を含む世界の中で、人が生きるために支えとなるのはなんだろうか。筆者を含む現代自己心理学の理論家が追及するのは、間主観的な領域に浮かび上がる確かさである。ここでは、それについて二つの次元で述べたいと思う。一つは人とのかかわりの真実性、もう一つは社会的活動の未来性である。

人とのかかわりの真実性とは、トラウマティックな体験の中で、人が自分を人間であると体験するための一つの要素である。もちろん、人とのかかわりといえども、何か確証があるというものではない。愛は永遠に続くとは限らないし、信頼は裏切られる可能性もある。しかし人は、人とのかかわりの中に真実性や真剣さ、正直さを感じることによって、自分が人間であることのゆるぎない感覚を得ることができる。その感覚こそが対人関係のリアリティだと言ってもよいだろう。

第9章でも一部触れているが、筆者は、先の研究で、最後の一〇年を悪性リンパ腫との闘病生活の中で過ごしたコフートの体験がどのような形で晩年の理論に反映されているのかを探求した（Togashi, 2014c; Togashi & Kottler, 2015）。悪性リンパ腫に罹患したということ、彼がまさに自分の理論を自由に語れるようになった矢先にそのような病気になったこと、そして、それとともに一〇年の月日を過ごさなければならなかったこと、いずれもそれは、彼にとって大きな、そして、どうしようもない現実だった。

コフートがその中で求めたのは、他者との正直な関係である。彼はトルストイの『イワン・イリッチの死』（Tolstoy, 1886）という短編小説を引用し、死に向かう人間がどのようにして人間であるという感覚を失い、それをとり戻すのかについて詳しく述べている。ほどほどに裕福な生活を送っていたイワンは、ほんのちょっとした不注意から脇腹をぶつけ、それがもとになって、内臓が次第に蝕まれていく病に侵される。次第に衰えていく彼の様子を見て、家族を含む多くの者が、彼に「元気そうではないか」と偽りの声をかける。その中で彼は誰ともつながっていない感覚に陥り、体だけでなく、心も死んだようになっていく。その中で唯一、彼が人として生きているという実感を与えてくれたのが、それほど知的には高くない召使いの男性である。その男性だけは、イワンに対して正直に、彼の顔色が悪くなっていくこと、死にそうに見えることを言葉にして伝えた。それによってイワンは、過酷な現実の中でも人として死んでいくことができた。「真実性のモーメント」とでも呼べるような、二者の正直なやり取りの中に現実らしさが浮かび上がる瞬間が、彼の中に自分は人間であるという感覚をよみがえらせたのである（Togashi & Kottler, 2015）。

コフートはこの小説を、双子自己対象体験に含まれる「人に囲まれて生きている人」という感覚を説明するために用いているが、同じような運命を背負ったコフートは、その小説の中に彼の求める世界を見出したに違いない。人との関係におけるその場その時の真実性は、操作不可能な現実をワークスルーするための、大きなよりどころになる。私たち臨床家は、過酷なトラウマの中で生きる患者との作業に、その真実性を持ち込めるのかを問われることがあることを認識しなければならない。

児童期のやけどで顔半分がケロイドになった二十代後半の女性患者は、筆者との対面による精神分析的心理療法の中でずっと下を向きながら話していた。心理療法を始めるようになって一年半も経過しようかという頃、彼女は筆者を正面から見据え、決意したように「私は、醜いですよね」とはっきりとした口調で尋ねた。一瞬「そんなことはありませんよ」という言葉が頭をかすめたが、筆者は彼女の迫力にその安易な言葉を発することもできず、しばらく黙った。しばらくといっても一秒もなかっただろう。しかし、「醜いですよ」ということもできない筆者は、黙ったまま首を縦に振った。それから半年くらいのちに彼女は当時を振り返り、あの時治療者に肯定されてショックだったのは間違いないが、初めて治療者が人間だと思った瞬間だったと述べた。彼女は、治療者に限らず、他者というものは自分をじろじろ観察するか、哀れな目で見るだけのもののように感じていたという。

人はあまりにも明確に共有された確信については言葉を失う。一方の極にあるのが、「ここにコップがある」という種類の共有された確信だろう。現象学的にアプローチするならばそれがコップとして浮かび上がってくるかどうかは実際にはわからないが、多くの場合それは、コップとして広く共有されている。しかし、それを前にした人たちが「これはコップですね」と改めて言葉にすることはない。それは、そこで共有されていることが、あまりにも当たり前だからだ。昔の中学英語の教科書の一部が「This is a pen.」の学習から始まっていたことは笑い話になっているが、それは、この文章を使う機会が非常に少ないからである。もう一方の極にあるのが、トラウマに近いところにある明確に共有された確信である。余命わずかであること、醜いこと、一生変わらない障害を持っていること、もう愛されていないこと、自分には患者を治す力がないことなど、痛みを伴う明確な確信は言葉にされにくい。しかし臨床家は、ときにその真実性に直面しなければならない。

社会活動の未来性もまた、トラウマティックな現実をワークスルーするための一つの方略である。筆者は最近、精神分析家の同僚とともに、世界貿易センタービル爆破事件（9.11）のサバイバーたちが、どのようにしてその後の人生を生きてきたのかについて調査を行った（Togashi & Brothers, 2015）。そこで明らかになったのは、彼らの多くが、社会活動に精を出すようになったことである。筆者らの研究でも、それができなかったサバイバーの一人は、ひどい抑うつ状態に陥っていた。今回の調査研究からだけでは、抑うつ的な人だから社会活動に精を出せないのか、社会活動に精を出せないから抑うつ的なのかを明確に述べることはできないが、この二つに深い関係があることはわかった。彼らは、社会活動をすることによって、トラウマの傷つきや苦悩を防衛的に隠していたのではなく、そこに何らかの可能性を見出していた。つまり、新しい社会を創る未来の可能性をそこに見出していたのである。未来に自分の姿を見出そうとする作業が、どうしようもない現実をワークスルーするための大切なプロセスの一つになっていたといえる。

従来の精神分析は、心の内側と外側の二分法の中で、トラウマは心の外側にある現実によるものだと仮定し、外側で生じた苦悩の体験を内側の体験に置き換えることでワークスルーしていくというモデルを描いていた。そのモデルの中では、他者に正直さを求めることや、社会活動への専心は、トラウマ体験に向き合うことへの抵抗と理解されてしまう。内側のトラウマ体験を、外側の活動（対人関係や社会活動）に置き換えているだけととらえられてしまうからである。しかし、人は対人関係の中に真実性を見出し、社会活動に精を出すことによって、操作不可能な要素を含む世の中で生きる自分の確かさを感じることができる。それを抵抗として分析してしまうことは、患者が生きようとする可能性を摘み取ってしまうかもしれない。治療者は、患者との間で正直な関係を持つように心がけるとともに、患者の社会活動の意味を積極的に言葉にしていくことが求められる。

おわりに

筆者が、精神分析臨床の訓練のために米国留学に旅立ったのは、二〇〇一年七月三〇日である。目指す研究所はニューヨークにあった。入国してから数週間でマンハッタン内に居住するアパートを決めた。アパートにも少し慣れたと思ったころ、世界貿易センタービルのテロ事件が起こった。日本からの電話でそれを知った筆者がアパートを降りてダウンタウンを見ると、もうもうと煙が立ち込めていた。アパートはミッドタウンの五番街沿いにあったため、ビルが崩れた様子がそのまま見えたのである。

夢みたいなその光景は、筆者にとって現実だった。何よりも、漂ってくる臭いが、それは現実であると言っていた。そして周りにいる人々の緊迫した顔がそう言っていた。時間がたつにつれて、現場から避難してきた人たちの姿を見るようになった。ダストを被った顔や汚れた服、こわばった顔が、起きたことは現実であると言っていた。

本書の編纂とときを同じくして、筆者は二〇一四年九月にニューヨークで世界貿易センタービルのテロ事件のサバイバーたちにインタビュー調査を行い、二〇一五年一〇月にはその調査をまとめた論文を国際自己心理学会で発表した（Togashi & Brothers, 2015）。それは、サバイバーたちがその後、あの出来事をどのように自分の人生に織り込んできたのかの記録でもある。インタビューの中で明らかになったのは、サバイバーたちの多くは、非常に熱心に社会活動に力を注いでいることだった。彼らは自分の中にあるトラウマのさまざまな断片に触れながら、現実の中で必死に生きていた。

あのテロ事件が現実であることを筆者に教えてくれたのは、臭いと他者だった。臭いは身体を揺さぶった。インタビューでもほとんどの協力者が臭いに言及していた。他者は、あの事件に関する彼らとの言語的・非言語的交流の中で、真実らしさの情緒的確信を提供してくれた。体と他者を通して受け取る真実らしさは、なぜか、自分がこの世に生きている実感をもたらした。世の中は実に動かしがたく感じることが多いが、自分が生きているという実感もひどく動かしがたく思われるものだった。

本書にはおそらく、筆者があのテロ事件の周辺で体験した感覚が随所にちりばめられているだろう。本書全体に流れるテーマは、象徴的に筆者のあの体験に集約されているからである。「あの現実は動かしようがない。そして、あれを体験し苦しみ続けるサバイバーの気持ちや考えも最終的には私には操作できない。しかし私は生きている。そして、その実感を与えてくれているのはあの他者たちである」――というテーマである。

筆者にとって重要なのは、このテーマは、筆者がこれまで日米でそれぞれ探求してきたテーマが合流したものだということである。筆者は最近になるまで、日本語で発表する論文と、英語で発表する論文のテーマがはっきりと分かれていた。日本語の論文では、「覚悟」や「意地」など、日本文化のある種の側面を色濃く浮き彫りにするような言葉に注目し、私たちが現実と他者とつながりながらも、どのようにしてその動かしがたいものへの期待を諦めるのかということをテーマにしてきた（富樫 2011）。英語の論文では主に、双子自己対象体験という言葉に注目し、私たちがどのようにして他者とつながり、どのように自分を人間であると体験するようになるのかということをテーマとし、最近その一連の研究をまとめた本をRoutledge社から出版した（Togashi & Kottler, 2015）。日本語の論文の背景に常にあったのは、動かしがたい他者というテーマである。英語の論文の背景に常にあったのは、確かだと感じるのが難しい世界でいかに生きるのかというテーマである。それぞれの土地での筆者の体験をもとにした二つのテーマは今、一つの河になって流れ始めているようである。

私たちは他者と現実に確信を持てない。しかし私たちは、他者と現実とのかかわりの中にしか、自分の生きる確信を持てない。振り返ってみれば、筆者にその確信を提供してくれたのも、日米それぞれで筆者と正直なかかわりを持ってくれた人たちだった。それが合流し、そこに新たな人たちとのかかわりが出てくるだろう。その周辺に、また筆者の現実が織りなされるのだろうと思う。

二〇一五年六月　神戸にて

富樫公一

関わることのリスク

間主観性の臨床

クリス・ジェニキー著
丸田俊彦 監訳　森さち子 翻訳監修

精神分析における「客観的な治療」「中立的な立場」の限界を明らかにし，豊かな臨床経験から生み出される高度で深い分析家-クライアント関係を構築する理論を解説する。

主要目次
第１章　精神分析の神話
　“隔離された心”という神話 / 中立性という神話 / 他
第２章　共感的-内省的探究：中立性に代わる間主観的なもの
　パーソナルな意味と客観的「真実」/ 他
第３章　情動：精神分析におけるパラダイムシフト
　フロイトの情動理論：心理的発見とメタサイコロジー博物館 / 他
第４章　トラウマ
　「普通の人々」と「心的外傷を受けた人々」/ 臨床例 / 他
第５章　転移
　臨床例 / 退行としての転移 / 他

A5判上製　定価(本体3000円+税)

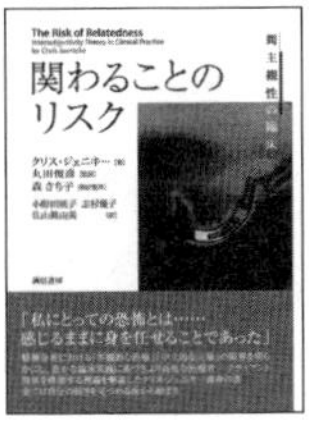

関係するこころ

外傷，癒し，成長の交わるところ

フィリップ・M・ブロンバーグ著
吾妻 壮・岸本寛史・山 愛美 訳

痛切な外傷経験にさらされ解離した自己の状態からいかに一歩を踏み出すか。二者心理学の立場から，内容からプロセスに焦点を移した関係論的精神分析の実際を提示する。

目次
第Ⅰ部　情動調整と臨床的プロセス
　第１章　津波を収める
第Ⅱ部　不確実性
　第２章　「私の心には決して入らなかった」
　第３章　「この気持ち、分かりますか！」
　第４章　解離のギャップに気をつけて
第Ⅲ部　躓きながら耐え抜くこと
　第５章　真実と人間の関係性
　第６章　これが技法であるならば、最大限活用せよ！
　第７章　「大人の」言葉――無意識的空想についてのパースペクティヴ
第Ⅳ部　間主観性の領域
　第８章　「あなたの近しさ」――個人的な終章

A5判上製　定価(本体4000円+税)

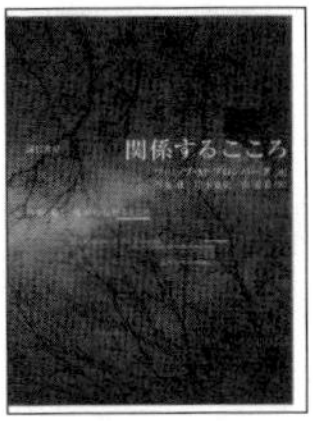

乳児研究と成人の精神分析

共構築され続ける相互交流の理論

B.ビービー /F.M.ラックマン著　富樫公一監訳

乳児研究からビービー，成人精神分析からラックマン，二人の第一人者の共同研究により，めざましい発展を遂げる乳児研究の成果を成人の精神分析臨床で直接利用することが可能になり，特に，精神分析が十分概念化できなかった相互交流プロセスを明らかにする。

目　次

第１章　バートン，当時と今
第２章　二者関係のシステム的観点
第３章　自己調制の相互交流的再オーガナイゼーション
第４章　早期の能力と前象徴的表象
第５章　早期の相互交流調制パターンと自己表象と対象表象の前象徴的起源
第６章　内的プロセスと関係的プロセスの共構築
第７章　乳児期における表象と内在化
第８章　患者-分析家相互交流のオーガナイゼーションにおける主要点の三原理
第９章　成人治療のための心の相互交流モデル

A5判上製　定価(本体3800円＋税)

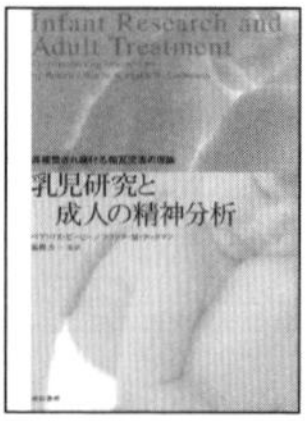

ポスト・コフートの精神分析システム理論

現代自己心理学から心理療法の実践的感性を学ぶ

富樫公一 編著

米国を席巻する精神分析的システム理論を広く紹介するわが国で初めての書。力動的心理療法に携わる専門家の感性を育てるための一冊。

主要目次

第１章　イントロダクション：現代自己心理学の感性
第Ⅰ部　コフートの自己心理学に含まれる現代的視点
第２章　コフート理論に含まれる関係性の側面/他
第Ⅱ部　現代自己心理学の諸理論
第４章　関係性における自己対象体験の相互性と特異性
第５章　欲動から多様な動機づけへの展開/他
第Ⅲ部　現代自己心理学による臨床事例の理解
第10章　事例に展開する二者関係の相互交流プロセス
第11章　事例を構成するシステムの理解

A5判上製　定価(本体3000円+税)

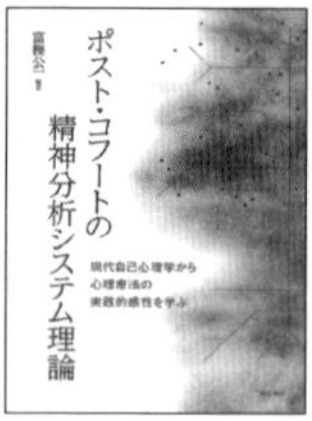

著者紹介

富樫公一（とがし　こういち）

米国NY州精神分析家ライセンス，臨床心理士，NAAP精神分析学会認定精神分析家，博士（文学）

1995年　愛知教育大学大学院教育学研究科修士課程修了

2001～2006年　NAAP精神分析研究所，TRISP自己心理学研究所に留学

2003～2006年　南カリフォルニア大学東アジア研究所　客員研究員

2006～2012年　広島国際大学大学院准教授（2007年までは助教授）

現　職　甲南大学文学部，同大学院人間科学研究科教授，TRISP自己心理学研究所（NY）ファカルティ・教育分析家・スーパーヴァイザー，栄橋心理相談室精神分析家，国際自己心理学会（IAPSP）評議委員，International Journal of Psychoanalytic Self Psychology（IJPSP）編集委員，日本精神分析学会編集委員

専　攻　精神分析，臨床心理学

著訳書　『Kohut's Twinship Across Cultures: The Psychology of Being Human』（共著，Routledge），『ポスト・コフートの精神分析システム理論』（編著，誠信書房），『関係精神分析入門』（共著，岩崎学術出版社），『蒼古的自己愛空想からの脱錯覚プロセス』（単著，風間書房），『乳児研究と成人の精神分析』（監訳，誠信書房），『ハインツ・コフート：その生涯と自己心理学』（共訳，金剛出版），『精神分析講台自體心理學等(之十一)』（共著，學富文化事業有限公司）など多数

不確《ふたし》かさの精神分析《せいしんぶんせき》
——リアリティ、トラウマ、他者《たしゃ》をめぐって

2016年4月30日　第1刷発行

著　者　富　樫　公　一
発行者　柴　田　敏　樹
印刷者　西　澤　道　祐

発行所　株式会社　誠信書房
〒112-0012　東京都文京区大塚3-20-6
電話　03（3946）5666
http://www.seishinshobo.co.jp/

印刷所／あづま堂印刷　製本所／イマヰ製本所

ISBN978-4-414-41612-1 C3011　Printed in Japan

人名索引

アイスラー　Eissler, R.　138, 143
アイヒホルン　Aichhorn, A.　140, 141
吾妻 壮　95
アトウッド　Atwood, G. E.　37, 194
アンダーソン　Anderson, J.　110
ウィニコット　Winnicott, D. W.　86, 87, 190
岡野憲一郎　191
オグデン　Ogden, T.　190
オレンジ　Orange, D. M.　36, 37, 60, 186, 191, 194

ギル　Gill, M.　169
クライトン＝ミラー　Crichton-Miller, H.　85
クライン　Klein, M.　88
グリーンバーグ　Greenberg, J. R.　25, 95
ゲド　Gedo, J.　144
ゲント　Ghent, H.　122
コバーン　Coburn, W. J.　145
コフート　Kohut, H.　vi, vii, 9, 13, 17, 56, 73, 75, 76, 77, 79, 80, 81, 86, 87, 98, 99, 101, 106, 120, 121, 137, 144, 145, 147, 148, 149, 150, 174, 201
サティ　Suttie, I. D.　vii, 84, 85, 86, 87, 89, 90, 94, 96
サリバン　Sullivan, H. S.　86
シェーファー　Schafer, R.　120
ジェームズ　James, W.　106, 178
ショア　Schore, A. N.　102, 176
スターン　Stern, D.　186
スターン　Stern, D. N.　51
ストロジャー　Strozier, C. B.　138, 144, 147
ストロロウ　Stolorow, R. D.　14, 37, 40, 51, 144, 145, 169, 194, 200
トレバーセン Trevarthen, C.　108
トロニック　Tronick, E. Z.　51

ハイナル　Haynal,　V.　175
バコール　Bacal, H. A.　30, 96, 145
ハルトマン　Hartmann, H.　120, 193
ビービー Beebe, B.　102, 103, 145, 178
フィス　Fiss, H.　55
フェアバーン　Fairbairn, W. D.　85, 86
フェレンツィ　Ferenczi, S.　86, 87
フォサーギ　Fosshage, J. L.　vii, 55, 116, 121, 122, 144
ブランチャフ　Brandchaft, B.　169, 191
フロイト　Freud, S.　9, 13, 18, 52, 55, 56, 73, 74, 75, 79, 80, 85, 86, 88, 90, 96, 98, 116, 118, 119, 129, 165, 169, 189, 190, 192
ベンジャミン　Benjamin, J.　37, 38, 39, 198
ボウルビィ　Bowlby, J.　86, 89
ホブソン　Hobson, R. F.　104
ホフマン　Hoffman, I. Z.　26
ホワイト　White, W. A.　86

マクマリー　Macmurray, J.　86
ミアーズ　Meares, R.　vii, 102, 104, 110, 111, 113, 178
ミッチェル　Mitchell, S. A.　25, 26, 37, 144

ラックマン　Lachmann, F. M.　vii, 116, 121, 122, 145, 178
ラパポート Rapaport, D.　129
リヒテンバーグ　vii, 29, 116, 121, 122, 129

事項索引

サ　行

タ　行

ナ　行

ハ　行

マ　行

ヤ　行

ラ　行

ワ　行

文　献

Adelmann, P. K. & Zajonc, R. B. (1989). Facial efference and the experience of emotion. *Annual Review of Psychology*, **40**, 249–280.

吾妻 壮（2011）．関係精神分析の治療技法．岡野憲一郎・吾妻 壮・富樫公一・横井公一（著）関係精神分析入門．岩崎学術出版社，pp. 220–245.

Allen, J. G., Fonagy, P., & Bateman, A. (2008). *Mentalizing in Clinical Practice.* Washington, D.C.: American Psychiatric Publishing.

Archinard, M., Haynal-Reymond, V., & Heller, M. (2000). Doctor's and patient's facial expressions and suicide reattempt risk assessment. *Journal of Psychiatric Research*, **34**, 261–262.

Aron, L. (1996). *A Meeting of Minds: Mutuality in Psychoanalysis*. Hillsdale, NJ: Analytic Press.

Atwood, G. E. & Stolorow, R. D. (1979). *Faces in a Cloud: Intersubjectivity in Personality Theory*. Northvale, NJ: Jason Aronson.

Atwood, G. E. & Stolorow, R. D. (1984). *Structure of Subjectivity: Explorations in Psychoanalytic Phenomenology.* Hillsdale, NJ: Analytic Press.

Bacal, H. A. (1995). Optimal responsiveness and the therapeutic process. In H. A. Bacal (Ed.), *Optimal Responsiveness: How Therapists Heal Their Patients* (pp. 3–34). Northvale, NJ: Jason Aronson.

Bacal, H. A. (1998). Optimal responsiveness and the specificity of selfobject experience. In H. A. Bacal (Ed.), *Optimal Responsiveness: How Therapists Heal Their Patients* (pp. 141–170). Northvale, NJ: Jason Aronson.

Bacal, H. A. (2006). Specificity theory: Conceptualizing a personal and professional quest for therapeutic possibility. *International Journal of Psychoanalytic Self Psychology*, **1**(2), 133–155.

Bacal, H. A. & Carlton, L. (2010). Kohut's last words on analytic cure and how we hear them now: A view from specificity theory. *International Journal of Psychoanalytic Self Psychology*, **5**(2), 132–143.

Balint, M. (1968). *The Basic Fault*. New York: Brunner & Mazel.

Barkham, M., Stiles, W. B., Connell, J., Twigg, E., Leach, C., Lucock, M., Mellor-Clark, J., Bower, P., King, M., Shapiro, D. A., Hardy, G. E., Greenberg, L., & Angus, L. (2008). Effects of psychological therapies in randomized trials

and practice-based studies. *British Journal of Clinical Psychology*, **47**, 397-415.

Basch, M. F. (1994). The selfobject concept: Clinical implications. In A. Goldberg (Ed.), *Progress in Self Psychology*, (vol. 10, pp. 1-7). Hillsdale, NJ: Analytic Press.

Beebe, B. (2004). Faces-in-relation: Forms of intersubjectivity in an adult treatment of early trauma. In *Forms of Intersubjectivity in Infant Research and Adult Treatment* (pp. 89-144). New York: Other Press, 2005. かかわりあう顔——早期外傷の大人の治療における間主観性さまざま．丸田俊彦（監訳）（2008）乳児研究から大人の精神療法へ——間主観性さまざま．岩崎学術出版社，pp. 89-152.

Beebe, B. & Jaffe, J. (1999). *Mother-infant regulation: Depression and attachment.* NIMH Research Grant, New York State Psychiatric Institute.

Beebe, B., Jaffe, J., & Lachmann, F. M. (1992). A dyadic systems view of communication. In N. Skolnick & S. Warshaw (Eds.), *Relational Perspectives in Psychoanalysis* (pp. 61-81). Hillsdale, NJ: Analytic Press.

Beebe, B., Jaffe, J., Markese, S., Buck, K., Chen, H., Cohen, P., Bahrick, L., Andrews, H., & Feldstein, S. (2010). The origins of 12-month attachment: A microanalysis of 4-month mother-infant interaction. *Attachment & Human Development,* **12**(1-2), 3-141.

Beebe, B., Knoblauch, S., Rustin, J., & Sorter, D. (2003). Introduction: A systems view. *Psychoanalytic Dialogues*, **13**(6), 743-775.

Beebe, B., Knoblauch, S., Rustin, J., & Sorter, D. (2005). *Forms of Intersubjectivity in Infant Research and Adult Treatment*. London: Other Press. 丸田俊彦（監訳）乳児研究から大人の精神療法へ——間主観性さまざま．岩崎学術出版社，2008.

Beebe, B. & Lachmann, F. M. (1988). Mother-infant mutual influence and precursors of psychic structure. In A. Goldberg (Ed.), *Frontiers in Self Psychology. Progress in Self Psychology* (vol. 3, pp. 3-25). Hillsdale, NJ: Analytic Press.

Beebe, B. & Lachmann, F. M. (1994). Representation and internalization in infancy: Three principles of salience. *Psychoanalytic Psychology*, **11**, 127-165.

Beebe, B. & Lachmann, F. M. (2002). *Infant Research and Adult Treatment: A Dyadic Systems Approach*. Hillsdale, NJ: Analytic Press. 富樫公一（監訳）(2008) 乳児研究と成人の精神分析——共構築され続ける相互交流の理論．誠信書房.

Benjamin, J. (1988). *The Bonds of Love: Psychoanalysis, Feminism and the Problem of Domination*. New York: Pantheon.

Benjamin, J. (1990). An outline of intersubjectivity: The development of recognition. *Psychoanalytic Psychology*, **7S**, 33-46.

Benjamin, J. (1991). Fathers and daughters: Identification with difference. *Psychoanalytic Dialogues*, **1**, 277-300.

Benjamin, J. (1995). *Like Subjects, Love Objects: Essays on Recognition and Sexual Difference*. New Haven, CT: Yale University Press.

Benjamin, J. (2005). Creating an intersubjective reality: Commentary on paper by Arnold Rothstein. *Psychoanalytic Dialogue*, **15**, 447-457.

Benjamin, J. (2010). Can we recognize each other? Response to Donna Orange. *International Journal of Psychoanalytic Self Psychology*, **5**(3), 244-256.

Berber, P. L. & Luckmann, T. (1966). *The Social Construction of Reality: A Treatise in the Sociology of Knowledge*. New York: Anchor Books. 山口節郎（訳）（2003）現実の社会的構成――知識社会学論考．新曜社.

Bergmann, M. S. (1994). The challenge of erotized transference to psychoanalytic technique. *Psychoanalytic Inquiry*, **14**, 499-518.

Blitzsten, N. L., Eissler, R. S., & Eissler, K. R. (1950). Emergence of hidden ego tendencies during dream analysis. *International Journal of Psycho-Analysis*, **31**, 12-17.

Brandchaft, B. (1993). Free the spirit from its cell. In A. Goldberg (Ed.), *Progress in Self Psychology* (vol. 9, pp. 209-230). Hillsdale, NJ: Analytic Press.

Breuer, J. & Freud, S. (1893-95). *Studies on Hysteria*. In J. Strachey (Ed. & Trans.), *The Standard Edition of the Complete Psychological Works of Sigmund Freud*, vol. 2. London: Hogarth Press.

Bromberg, P. M. (1989). Interpersonal psychoanalysis and self psychology: A clinical comparison. In D. Detrick, S. Detrick, & A. Goldberg (Eds.), *Self Psychology: Comparison and Contrasts*. Hillsdale, NJ: Analytic Press.

Brothers, D. (2008). *Toward a Psychology of Uncertainty: Trauma-Centered Psychoanalysis*. New York: Routledge.

Carlton, L. (2009). Making sense of self and systems in psychoanalysis: Summation essay for the 30th annual international conference on the psychology of the self. *International Journal of Psychoanalytic Self Psychology*, **4**(3), 313-329,

Chessick, R. D. (1997). Malignant eroticized countertransference. *Journal of American Academy of Psychoanalysis*, **25**, 219-235.

Clarke, G. S. (2006). *Personal Relations Theory*. New York: Routledge.

Coburn, W. J. (2002). A world of systems: The role of systematic patterns of experience in the therapeutic process. *Psychoanalytic Inquiry*, **22**(5), 655-677.

Coburn, W. J. (2007a). Complexity made simple: Exploring a nonlinear dynamic systems perspective. Paper presented at the 30th International Conference on the Psychology of the Self, Los Angeles, California.

Coburn, W. J. (2007b). Psychoanalytic complexity: Pouring new wine directly into one's mouth. In P. Buirski & W. J. Coburn (Eds.), *New Developments in*

Self Psychology Practice (pp. 3–22). New York: Jason Aronson.
Cohn, J. & Tronick, E. (1988). Mother-infant face-to-face interaction: Influence is bidirectional and unrelated to periodic cycles in either partner's behavior. *Developmental Psychology*, **24**, 386–392.
Cohn, J. & Tronick, E. (1989). Mother-infant face-to-face interaction: The sequence of dyadic states at 3, 6, 9 months. *Developmental Psychology*, **23**, 68–77.
Cohn, J., Campbell, S., & Ross, S. (1991). Infant response in the still-face paradigm at 6 months predicts avoidant and secure attachments at 12 months. *Development and Psychopathology*, **3**, 367–376.
Cohn, J., Campbell, S., Matias, R., & Hopkins, J. (1990). Face-to-face interactions of postpartum depressed & nondepressed mother-infant pairs at 2 months. *Developmental Psychology*, **26**, 15–23.
Eissler, K. R. (1953). The effect of the structure of the ego on psychoanalytic technique. *Journal of American Psychoanalytic Association*, **1**, 104–143.
Ekman, P. (1992). An argument for basic emotions. *Cognition and Emotions*, **6**, 169–200.
Ekman, P. & Friesen, W. V. (1975). *Unmasking the Face*. Eaglewood Cliffs, NJ: Prentice-Hall. 工藤 力（訳編）（1987）表情分析入門．誠信書房.
Ekman, P. & Friesen, W. (1978). *The Facial Action Coding System: A Technique for the Measurement of Facial Movement*. Palo Alto, CA: Consulting Psychologists Press.
Ekman, P., Friesen, W., & Davidson, R. J. (1990). The Duchenne Smile: Emotional Expression and Brain Psychology Ⅱ. *Journal of Personality and Social Psychology*, **58**, 342–353.
Ellenberger, H. F. (1970). *The Discovery of the Unconscios: The History and Evolution of Dynamic Psychiatry*. New York: Basic Books. 木村 敏・中井久夫（監訳）（1980）無意識の発見（下）．弘文堂.
Emde, R. N. (1983). The prerepresentational self and its affective core. *The Psychoanalytic Study of the Child*, **38**, 165–192.
Fairbairn, W. D. (1952). *Psychoanalytic Studies of the Personality*. London: Tavistock Publications.
Fenichel, O. (1945). *The Psychoanalytic Theory of Neurosis*. New York: Norton.
Ferenczi, S. (1913). Stages in the development of the sense of reality. In *Sex in Psychoanalysis* (pp. 213–239). New York: Dover.
Ferenczi, S. (1926). *Further Contributions to the Theory and Technique of Psycho-Analysis* (J. I. Suttie Trans.). London: Hogarth Press.
Fiss, H. (2000). A 21st century look at Freud's dream theory. *Journal of American*

Academy of Psychoanalysis, **28**, 321–340.
Fosshage, J. L. (1995). An expansion of motivational theory: Lichtenberg's motivational systems model. *Psychoanalytic Inquiry*, **15**, 421–436.
Fosshage, J. (1997). The organizing functions of dream mentation. *Contemporary Psychoanalysis*, **33**, 429–458.
Fosshage, J. (2004). The explicit and implicit dance in psychoanalytic change. *The Journal of Analytical Psychology*, **49**, 49–65.
Fosshage, J. (2005). The explicit and implicit domains in psychoanalytic change. *Psychoanalytic Inquiry,* **25**(4), 516–539.
Fosshage, J. L. (2007). The organizing functions of dreaming: Pivotal issues in understanding and working with dreams. *International Forum of Psychoanalysis,* **16**, 213–221.
Fosshage, J. L. (2009). Some key features in the evolution of self psychology and psychoanalysis. In N. VanDerHeide & W. J. Coburn (Eds.), *Self and Systems: Explorations in Contemporary Self Psychology* (pp. 1–18). Boston: Massachusetts.
Freud, S. (1895a). Project for a scientific psychology. *The Standard Edition of the Complete Psychological Works of Sigmund Freud* (vol. 1, pp. 295–398). London: Hogarth Press. 総田純次（訳）（2010）心理学草案．フロイト全集第３巻．岩波書店，pp. 1–105.
Freud, S. (1895b). On the grounds for detaching a particular syndrome from neurasthenia under the description 'anxiety neurosis'. *The Standard Edition of the Complete Psychological Works of Sigmund Freud* (vol. 3, pp. 90–120). London: Hogarth Press. 山岸 洋（訳）（2010）「不安神経症」に対する批判について．フロイト全集第３巻．岩波書店，pp. 109–131.
Freud, S. (1898). Sexuality in the aetiology of the neurosis. *The Standard Edition of the Complete Psychological Works of Sigmund Freud* (vol. 3, pp. 261–285). London: Hogarth Press.
Freud, S. (1900–01). *The Interpretation of Dreams. The Standard Edition of the Complete Psychological Works of Sigmund Freud* (vol. 4–5). London: Hogarth Press. 新宮一成（訳）（2007）夢解釈．フロイト全集第４・５巻．岩波書店．
Freud, S. (1905). *Three Essays on the Theory of Sexuality. The Standard Edition of the Complete Psychological Works of Sigmund Freud* (vol. 7, pp. 125–245). London: Hogarth Press.
Freud, S. (1912). Recommendations to physicians practicing psycho-analysis. *The Standard Edition of the Complete Psychological Works of Sigmund Freud* (vol. 12, pp. 111–120). London: Hogarth Press.
Freud, S. (1914a). On narcissism: An introduction. *The Standard Edition of the*

Complete Psychological Works of Sigmund Freud (vol. 14, pp. 67–102). London: Hogarth Press. 立木康介（訳）（2010）ナルシシズムの導入にむけて. フロイト全集第 13 巻. 岩波書店, pp. 115–151.

Freud, S.（1914b）. Remembering, repeating and working through. *The Standard Edition of the Complete Psychological Works of Sigmund Freud* (vol. 12, pp. 147–156). London: Hogarth Press. 道籏泰三（訳）（2010）想起、反復、反芻処理. フロイト全集第 13 巻. 岩波書店, pp. 295–306.

Freud, S. (1915a). Instincts and their vicissitudes. *The Standard Edition of the Complete Psychological Works of Sigmund Freud* (vol. 14, pp. 111–140). London: Hogarth Press.

Freud, S. (1915b). Observations on transference-love (Further recommendations on the technique of psycho-analysis III). *The Standard Edition of the Complete Psychological Works of Sigmund Freud* (vol. 12, pp. 157–171). London: Hogarth Press. 道籏泰三（訳）（2010）転移性恋愛についての見解. フロイト全集第 13 巻. 岩波書店, pp. 309–325.

Freud, S. (1916a). *Introductory Lectures on Psycho-Analysis. The Standard Edition of the Complete Psychological Works of Sigmund Freud* (vol. 15–16). London: Hogarth Press.

Freud, S. (1916b). The history of the psychoanalytic movement. *The Standard Edition of the Complete Psychological Works of Sigmund Freud* (vol. 14, pp. 7–66). London: Hogarth Press.

Freud, S. (1917). Mourning and melancholia. *The Standard Edition of the Complete Psychological Works of Sigmund Freud* (vol. 14, pp. 243–258). London: Hogarth Press. 伊藤正博（訳）（2010）喪とメランコリー. フロイト全集第 14 巻. 岩波書店, pp. 273–293.

Freud, S. (1920). *Beyond the Pleasure Principle. The Standard Edition of the Complete Psychological Works of Sigmund Freud* (vol. 18, pp. 7–64). London: Hogarth Press.

Freud, S. (1923) *The Ego and the Id. The Standard Edition of the Complete Psychological Works of Sigmund Freud* (vol. 19, 12–68). London: Hogarth Press.

Freud, S. (1925). Some psychical consequences of the anatomical distinction between the sexes. *The Standard Edition of the Complete Psychological Works of Sigmund Freud* (vol. 19, pp. 248–260). London: Hogarth Press. 大宮勘一郎（訳）（2010）解剖学的な性差の若干の心的帰結. フロイト全集第 19 巻. 岩波書店, pp. 203–215.

Freud, S. (1926a). *Inhibitions, Symptoms and Anxiety. The Standard Edition of the Complete Psychological Works of Sigmund Freud* (vol. 20, pp. 75–176). London: Hogarth Press.

Freud, S. (1926b). *The Question of Lay Analysis. The Standard Edition of the Complete Psychological Works of Sigmund Freud* (vol. 20, pp. 177-258). London: Hogarth Press.

Freud, S. (1927). *The Future of an Illusion. The Standard Edition of the Complete Psychological Works of Sigmund Freud* (vol. 21, pp. 1-56). London: Hogarth Press.

Freud, S. (1930). *Civilization and Its Discontents. The Standard Edition of the Complete Psychological Works of Sigmund Freud* (vol. 21, pp. 59-145). London: Hogarth Press.

Freud, S. (1933). *New Introductory Lectures on Psycho-Analysis. The Standard Edition of the Complete Psychological Works of Sigmund Freud* (vol. 22, pp. 1-182). London: Hogarth Press. 道籏泰三（訳）（2011）精神分析入門講義続. フロイト全集第 21 巻. 岩波書店, pp. 1-240.

Frie, R. (2010). Culture and context: From individualism to situated experience. In R. Frie & W. J. Coburn (Eds.), *Persons in Context: The Challenge of Individuality in Theory and Practice* (pp. 3-19). New York: Routledge.

Friedberg, A. & Lin, L. (2012). The couch as icon. *Psychoanalytic Review*, **99**(1), 35-62.

Gedo, J. (1997). *Spleen and Nostalgia: A Life and Work in Psychoanalysis*. Jason Aronson.

Gerull, F., Meares, R., Stevenson, J., Korner, A., & Newman, L. (2008). The beneficial effect on family life in treating borderline personaliy. *Psychiatry,* **71**(1), 59-70.

Ghent, H. (2002). Wish, need, drive: Motive in the light of dynamic systems theory and Edelman's selectionist theory. *Psychoanalytic Dialogues,* **12**(5), 763-808.

Gill, M. (1994). *Psychoanalysis in Transition: A Personal View*. New Jersey: Analytic Press. 成田善弘（監訳）（2008）精神分析の変遷——私の見解. 金剛出版.

Greenberg, J. R. (1981). Prescription or description: The therapeutic action of psychoanalysis. *Contemporary Psychoanalysis*, **17**, 239-257.

Greenberg, J. R. & Mitchell, S. A. (1983). *Object Relations in Psychoanalytic Theory*. Massachusetts: Harvard University Press. 横井公一・大阪精神分析研究会（訳）（2001）精神分析理論の展開——欲動から関係へ. ミネルヴァ書房.

Greenson, R. (1967). *The Technique and Practice of Psychoanalysis*. International Universities Press.

Grotstein, J. S. (1986). The psychology of powerlessness: Disorders of self-regulation and interactional regulation as a newer paradigm for psychopathology. *Psychoanalytic Inquiry*, **6**, 93-118.

Guthrie, E. (1999). Psychodynamic interpersonal therapy. *Advances in Psychiatric Treatment*, **5**, 135-145.

Haliburn, J., Stevenson, J., & Gerull, F. (2009). A university psychotherapy training program in a psychiatric hospital: 25 years of the conversational model in the treatment of patients with borderline personality disorder. *Australian Psychiatry*, **17**(1), 25-28.

Harris, A. (2009). "You Must Remember This". *Psychoanalytic Dialogues,* **19**, 2-21.

Hartmann, H. (1939). *Ego Psychology and the Problem of Adaptation.* New York: International Universities Press.

Hartmann, H. (1956). Notes on the reality principle. *Psychoanalytic Study of the Child*, **11**, 31-53.

Hauser, S. T. (2007). Innovative frontiers in psychoanalytic research: Pursuing underlying processes and their trajectories of change. *Journal of American Psychoanalytic Association,* **55**(4), 1269-1278.

Haynal-Reymond, V., Jonsson, G. K., & Magnusson, M. S. (2005). Nonverbal communication in doctor-suicidal patient interview. In L. Anolli, S. Duncan Jr., M. S. Magnusson, & G. Riva (Eds.), *The Hidden Structure of Interaction: From Neurons to Culture Patterns* (pp. 142-148). Amsterdam: IOS Press.

Heller, M. & Haynal, V. (1997). A doctor's face: Mirror of his patient's suicidal projects. In J. Guimon (Ed.), *The Body in Psychotherapy*. Basel, Switzerland: Karger.

Hobson, R. F. (1985). *Forms of Feeling: The Heart of Psychotherapy.* London: Tavistock.

Hoffman, I. Z. (1998). *Ritual and Spontaneity in the Psychoanalytic Process: A Dialectical-Constructivist View*. New York: Analytic Press.

Hoffman, M. T. (2011). *Toward Mutual Recognition: Relational Psychoanalysis and the Christian Narrative.* New York: Routledge.

Jacobson, E. (1964). *The Self and the Object World*. New York: International Universities Press. 伊藤 洸（訳）（1981）自己と対象世界. 岩崎学術出版社.

James, W. (1892). *Psychology: Briefer Course*. London: Macmillan.

Janoff-Bulman, R. (1992). *Shattered Assumptions: Towards a New Psychology of Trauma*. Michigan: Free Press.

角田 豊（2013）. 欲動から多様な動機づけへの展開――リヒテンバーグの動機づけシステム理論. 富樫公一（編著）ポスト・コフートの精神分析システム理論. 誠信書房, pp. 64-74.

Kernberg, O. (1975). *Borderline Conditions and Pathological Narcissism.* New York: Jason Aronson.

木村 敏 (2005). 関係としての自己. みすず書房.
北山 修 (2001). 幻滅論. みすず書房.
Knoblauch, S. H. (2009). From self psychology to selves in relationship: A radical process of micro and macro expansion in conceptual experience. In N. VanDerHeide & W. J. Coburn (Eds.), *Self and Systems: Explorations in Contemporary Self Psychology* (pp. 262–278). Boston: Massachusetts.
Kohut, H. (1959). Introspection, empathy, and psychoanalysis: An examination of the relationship between mode of observation and theory. In P. H. Ornstein (Ed.), *The Search for the Self* (vol. 1, pp. 205–232). New York: International Universities Press.
Kohut, H. (1965). February 22, 1965 Dr. Alexander Mitscherlich. In G. Cocks (Ed.), *The Curve of Life: Correspondence of Heinz Kohut, 1923–1981* (pp. 111–112). Chicago: The University of Chicago Press, 1994.
Kohut, H. (1966). Forms and transformation of narcissism. In P. H. Ornstein (Ed.), *Search for the Self* (vol. 1, pp. 427–460). New York: International Universities Press. 自己愛の諸形態とその変化. 林 直樹（訳）(1996) 自己心理学とヒューマニティ. 金剛出版, pp. 121–147.
Kohut, H. (1968). The psychoanalytic treatment of narcissistic personality disorders: Outline systematic approach. In P. H. Ornstein (Ed.), *The Search for the Self* (vol. 1, pp. 477–509).
Kohut, H. (early 1970). On courage. In P. H. Ornstein (Ed.), *The Search for the Self* (vol. 3, pp. 129–181). Connecticut: International Universitiesies Press.
Kohut, H. (1971). *Analysis of the Self: A Systematic Approach to the Psychoanalytic Treatment of Narcissistic Personality Disorders*. New York: International Universities Press. 水野信義・笠原 嘉（監訳）(1994) 自己の分析. みすず書房.
Kohut, H. (1972). Thoughts on narcissism and narcissistic rage. In P. H. Ornstein (Ed.), *The Search for the Self* (vol. 2, pp. 615–658). Connecticut: International Universities Press.
Kohut, H. (1975). The future of psychoanalysis. *Annual of Psychoanalysis*, **3**, 325–340.
Kohut, H. (1977). *The Restoration of the Self*. Connecticut: International Universities Press. 本城秀次・笠原 嘉（監訳）(1995) 自己の修復. みすず書房.
Kohut, H. (1978). *Reflections on* Advances in Self Psychology. In P. H. Ornstein (Ed.), *The Search for the Self* (Vol. 3, pp. 261–357). Connecticut: International Universities Press.
Kohut, H. (1979). The two analyses of Mr Z. *International Journal of Psycho-Analysis*, **60**, 3–27.
Kohut, H. (1980). Letter January 8, 1980. In P. H. Ornstein (Ed.), *The Search for*

the Self (Vol. 4, pp. 447–470). Connecticut: International Universities Press.

Kohut, H. (1981). *Self Psychology and the Humanities: Reflections on New Psychoanalytic Approach*. New York: Norton. 林 直樹（訳）（1996）自己心理学とヒューマニティ．金剛出版.

Kohut, H. (1981[1982]). Introspection, empathy, and the semicircle of mental health. In P. H. Ornstein (Ed.), *The Search for the Self* (vol. 4, pp. 537–567). Connecticut: International Universities Press.

Kohut, H. (1984). *How Does Analysis Cure?* Chicago: The University of Chicago Press. 本城秀次・笠原 嘉（監訳）（1995）自己の治癒．みすず書房.

九鬼周造（1930/2003).「いき」の構造．講談社.

Lachmann, F. M. (2000). *Transforming Aggression: Psychotherapy with the Difficult-to-treat Patient*. Northvale, NJ: Jason Aronson.

Lachmann, F. M. (2008). *Transforming Narcissism: Reflections on Empathy, Humor, and Expectations*. New York: Analytic Press.

Lichtenberg, J. D. (1988). A theory of motivational-functional systems as psychic structures. *Journal of the American Psychoanalytic Association*, **36**S, 57–72.

Lichtenberg, J. D. (1989). *Psychoanalysis and Motivation*. Hillsdale, NJ: Analytic Press.

Lichtenberg, J. D. (2001). Motivational systems and model scenes with special references to bodily experience. *Psychoanalytic Inquiry*, **21**, 430–447.

Lichtenberg, J. D. (2009). Reflections on a contemporary psychoanalytic metatheory. *International Journal of Psychoanalytic Self Psychology*, **4**(4), 414–431.

Lichtenberg, J. D. & Kindler, A. R. (1994). A motivational systems approach to the clinical experience. *Journal of American Psychoanalytic Association*, **42**, 405–420.

Lichtenberg, J. D., Lachmann, F. M., & Fosshage, J. L. (1992). *Self and Motivational Systems: Towards A Theory of Psychoanalytic Technique*. Hillsdale, NJ: Analytic Press.

Lichtenberg, J. D., Lachmann, F. M., & Fosshage, J. L. (1996). *The Clinical Exchange*. Hillsdale, NJ: Analytic Press. 角田 豊（監訳）（2006）自己心理学の臨床と技法――臨床場面におけるやり取り．金剛出版.

Lichtenberg, J. D., Lachmann, F. M., & Fosshage, J. L. (2002). *A Spirit of Inquiry: Communication in Psychoanalysis*. Hillsdale, NJ: Analytic Press.

Lichtenberg, J. D., Lachmann, F. M., & Fosshage, J. L. (2010). *Psychoanalysis and Motivational Systems: A New Look*. New York: Routledge.

Loewald, H. (2000). The waning of the Oedipus complex. *Journal of Psycotherapy Practice and Research*, **9**(4), 239–249.

Lyons-Ruth, K. (2008). Contributions of the mother-infant relationship to disso-

ciative, borderline, and conduct symptoms in young adulthood. *Infant Mental Health Journal*, **29**(3), 203-218.

Malan, D. H., Bacal, H. A., Heath, E. S., & Balfour, F. H. G. (1968). A study of psychodynamic changes in untreated neurotic patients I: Improvements that are questionable on dynamic criteria. *The British Journal of Psychiatry*, **114**, 525-551.

Malan, D. H., Heath, E. S., Bacal, H. A., & Balfour, F. H. G. (1975). Psychodynamic changes in untreated neurotic patients II: Apparently genuine improvements. *Archives of General Psychiatry*, **32**, 110-126.

Margison, F. & Shapiro, D. A. (1986). Hobson's conversational model of psychotherapy——Training and evaluation: Discussion paper. *Journal of the Royal Society of Medicine*, **79**, 468-472.

丸田俊彦（2009）．間主観性理論と関係性理論——討論に代えて．精神分析研究，**53**, 49-53.

丸田俊彦・森さち子（2006）．間主観性の軌跡——治療プロセス理論と事例のアーティキュレーション．岩崎学術出版社.

Maslow, A. H. (1970). *Motivation and Personality* (2nd ed.). New York: Harper & Row.

Meares, R. (1993). *Metaphor of Play: Disruption and Restoration in the Borderline Experience.* Northvale, NJ: Jason Aronson.

Meares, R. (1999). The "adualistic" representation of trauma: On malignant internalization. *American Journal of Psychotherapy,* **53**(3), 392-402.

Meares, R. (2000). *Intimacy and Alienation: Memory, Trauma and Personal Being.* London: Routledge.

Meares, R. (2001). What happens next? A developmental model of therapeutic spontaneity: Commentary on paper by Philip A. Ringstrom. *Psychoanalytic Dialogues*, **11**(5), 755-769.

Meares, R. (2004). The conversational model: An outline. *American Journal of Psychotherapy*, **58**(1), 51-66.

Meares, R. (2005). *The Metaphor of Play: Origin and Breakdown of Personal Being.* New York: Routledge.

Meares, R. (2012a). The metaphor of play. Paper presented at The Role of Play in All things Human: The 2nd Annual Bruce Memorial Conference, October, 14, Washington, D.C.

Meares, R. (2012b). Self as a fiction. Paper presented at 35th Annual International Conference on the Psychology of the Self. October, 19, Washington, D.C.

Meares, R. & Anderson, J. (1993). Intimate space: On the developmental signifi-

cance of exchange. *Contemporary Psychoanalysis*, **29**(4), 595-612.

Meares, R. & Graham, P. (2008). Recognition and the duality of self. *International Journal of Psychoanalytic Self Psychology*, **3**, 432-446.

Meares, R., Shore, A., & Melkonian, D. (2011). Is borderline personality a particularly right hemispheric disorder? A study of P3a using single trial analysis. *Australian and New Zealand Journal of Psychiatry*, **45**, 131-139.

Miller, G. (2008). Scottish psychoanalysis: A rational religion. *Journal of the History of the Behavioral Sciences,* **44**(1), 38-58.

Miller, J. P. [Jr.] (1985). How Kohut actually worked. In A. Goldberg (Ed.), *Progress in Self Psychology* (vol. 1, pp. 13-32). New York: Guilford Press.

Mion, C. C. (2010). Internal and external reality. *International Journal of Psycho-Analysis*, **91**, 1264-1267.

Mitchell, S. A. (1988). *Relational Concepts in Psychoanalysis: An Integration.* Cambridge, MA: Harvard University Press.

Mitchell, S. A. (1993). *Hope and Dread in Psychoanalysis*. New York: Basic Books. 横井公一・辻河昌登（監訳）（2008）関係精神分析の視座――分析過程における希望と恐れ．ミネルヴァ書房.

Mitchell, S. A. (1997). *Influence and Autonomy in Psychoanalysis.* New York: Psychology Press.

Mitchell, S. A. (2003). *Relationality: From Attachment to Intersubjectivity*. New York: Routledge.

宮崎 駿（1989）魔女の宅急便．スタジオジブリ.

Ogden, T. H. (1986). *The Matrix of Mind.* Northvale, NJ: Jason Aronson. 狩野力八郎（監訳）（1996）心のマトリックス．岩崎学術出版社.

Ogden, T. H. (1994). *Subjects of Analysis.* Northvale, NJ: Jason Aronson. 和田秀樹（訳）（1996）「あいだ」の空間――精神分析の第三主体．新評論.

岡野憲一郎（1999）．新しい精神分析理論――米国における最近の動向と提供モデル．岩崎学術出版社.

岡野憲一郎（2002）．中立性と現実――新しい精神分析理論２．岩崎学術出版社.

岡野憲一郎（2008）．治療的柔構造．岩崎学術出版社.

岡野憲一郎（2013）．脳からみえる心――臨床心理に生かす脳科学．岩崎学術出版社.

Orange, D. M. (1995). *Emotional Understanding: Studies in Psychoanalytic Epistemology*. New York: Guilford Press.

Orange, D. M. (2008). Recognition as: Intersubjective vulnerability in the psychoanalytic dialogue. *International Journal of Psychoanalytic Self Psychology*, **3**(2), 178-194.

Orange, D. M. (2009). *Thinking for Clinicians: Philosophical Resources for Contemporary Psychoanalysis and the Humanistic Psychotherapies.* New York:

Routledge.
Orange, D. (2010). Beyond individualism: Philosophical contributions of Buber, Gadamer, and Levinas. In R. Frie & W. J. Coburn (Eds.), *Persons in Context: The Challenge of Individuality in Theory and Practice* (pp. 43-58). New York: Routledge.
Orange, D. M. (2011). Responding to unspeakable: Jacobs and Corpt on embodiment and metaphor. *International Journal of Psychoanalytic Self Psychology*, **6**, 228-234.
Orange, D. M. (2014). What kind of ethics?: Leowald on responsibility and atonement. *Psychoanalytic Psychology*, **31**, 560-569.
Orange, D. M., Atwood, G., & Stolorow, R. D. (1997). *Working Intersubjectivity: Contexaulism in Psychoanalytic Practice.* Hillsdale, NJ: Analytic Press.
Pickles, J. & Shane, E. (2007). Mutual recognition and mutual regulation: Windows between relational and self psychological worlds. Paper presented at 30th Annual International Conference of the Psychology of the Self, Los Angeles.
Quinodoz, J.-M. (2004). *Lire Freud: Découverte Chronologique de l'oeuvre de Freud.* Presses Universitaires de France, 336 S. 福本 修（監訳）(2013) フロイトを読む――年代順に紐解くフロイト著作．岩崎学術出版社.
Rapaport, D. & Gill, M. M. (1959). The points of view and assumptions of metapsychology. *International Journal of Psycho-Analysis*, **40**, 153-162.
Rappaport, D. (1960). *The Structure of Psychoanalytic Theory: A Systematizing Attempt*. New York: International Universities Press.
Renik, O. (1995). The ideal of the anonymous analyst and the problem of self-disclosure. *Psychoanalytic Quarterly*, **64**, 466-495.
Renik, O. (1998). The analyst's subjectivity and the analyst's objectivity. *International Journal of Psycho-Analysis*, **79**, 487-497.
Rothstein, A. (1983). *The Structural Hypothesis: An Evolutionary Perspective.* New York: International Universities Press.
Sander, L. (1977). The regulation of exchange in the infant-caretaker system and some aspects of the context-content relationship. In M. Lewis & L. Rosenblum (Eds.), *Interaction, Conversation, and the Development of Language* (pp. 133-156). New York: Wiley.
Sandler, J., Dare, C., & Holder, A. (1973), *The Patient and the Analyst: The Basis of the Psychoanalytic Process.* Londen: George Allen & Unwin. 前田重治（監訳）(1980) 患者と分析者――精神分析臨床の基礎．誠信書房.
Sandler, J., Dare, C., & Holder, A. (1992), *The Patient and the Analyst: The Basis of the Psychoanalytic Process.* 2nd ed. Londen: Karnac. 藤山直樹・北山 修（監

訳）（2008）患者と分析者――精神分析の基礎知識．第２版．誠信書房．
Schafer, R. (1968). On the theoretical and technical conceptualization of activity and passivity. *Psychoanalytic Quarterly*, **37**, 173-198.
Schafer, R. (2003). *Insight and Interpretation: The Essential Tools of Psychoanalysis*. New York: Other Press.
Schore, A. N. (1994). *Affect Regulation and the Origin of the Self: The Neurobiology of Emotional Development*. New York: Psychology Press.
Schore, A. N. (2001a). Effects of a secure attachment relationship of right brain development, affect regulation, and infant mental health. *Infant Mental Health Journal*, **22**, 7-66.
Schore, A. N. (2001b). The effects of early relational trauma on right brain development, affect regulation, and infant mental health. *Infant Mental Health Journal*, **22**, 201-269.
Schore, A. N. (2005). A neuropsychoanalytic viewpoint: Commentary on paper by Steven H. Knoblauch. *Psychoanalytic Dialogues*, **15**, 829-854.
Schore, A. N. (2013). Regulation theory and the early assessment of attachment and autistic spectrum disorders: A response to Voran's clinical case. *Journal of Infant, Child & Adolescent Psychotherapy*, **12**, 164-189.
精神分析事典（2002）（小此木啓吾編集代表）岩崎学術出版社．
Shapiro, D. A. & Firth, J. (1987). Prescriptive v. exploratory psychotherapy: Outcomes of the Sheffield Psychotherapy Project. *British Journal of Psychiatry*, **151**, 790-799.
Shapiro, D. A., Rees, A., Barkham, M., & Hardy, G. (1995). Effects of treatment duration and severity of depression on the maintenance of gains after cognitive-behavioral and psychodynamic-interpersonal psychotherapy. *Journal of Consulting and Clinical Psychology*, **63**(3), 378-387.
Shaw, D. (2001). On the therapeutic action of analytic love. Paper presented at the 22nd Annual International Conference on the Psychology of the Self, San Francisco, CA.
Spotnitz, H. (1969). *Modern Psychoanalysis of the Schizophrenic Patient: Theory and the Technique*. New York: Grune & Stratton, (Second Edition, 2004).
Spotnitz, H. (1976). *Psychotherapy of Preoedipal Conditions*. New York: Jason Aronson.
Startup, M. & Shapiro, D. A. (1993). The rapist treatment fidelity in prescriptive vs. exploratory psychotherapy. *British Journal of Clinical Psychology*, **32**, 443-456.
Stern, D. (2010). *Partners in Thought: Working with Unformulated Experience, Dissociation, and Enactment*. New York: Routledge.

Stern, D. N. (1985). *The Interpersonal World of the Infant: A View from Psychoanalysis and Development*. New York: Norton. 小此木啓吾・丸田俊彦（監訳）（1989–1991）乳児の対人世界（理論編）（臨床編）. 岩崎学術出版社.

Stern, D. N., Sander, L. W., Nahum, J. P., Harrison, A. M., Lyons-Ruth, K., Morgan, A. C., Bruschweilerstern, N., & Tronick, E. Z. (1998). Non-interpretive mechanisms in psychoanalytic therapy: The 'something more' than interpretation. *International Journal of Psycho-Analysis*, **79**, 903–921.

Stolorow, R. D. (1997). Dynamic, dyadic, intersubjective systems: An evolving paradigm for psychoanalysis. *Psychoanalytic Psychology*, **14**(3), 337–363.

Stolorow, R. D. (2007). *Trauma and Human Existence: Autobiographical, Psychoanalytic, and Philosophical Reflections*. New York: Routledge. 和田秀樹（訳）トラウマの精神分析――自伝的・哲学的省察. 岩崎学術出版社.

Stolorow, R. D. (2010). Individuality in context: The relationality of finitude. In R. Frie & W. J. Coburn (Eds.), *Persons in Context: The Challenge of Individuality in Theory and Practice* (pp. 59–68). New York: Routledge.

Stolorow, R. D. (2013). Intersubjective-systems theory: A phenomenological-contextualist psychoanalytic perspective. *Psychoanalytic Dialogues*, **23**, 383–389.

Stolorow, R. D. & Atwood, G. E. (1984). *Structures of Subjectivity*. Hillsdale, NJ: Analytic Press.

Stolorow, R. D. & Atwood, G. E. (1989). The unconscious and unconscious fantasy: An intersubjective-developmental perspective. *Psychoanalytic Inquiry*, **9**, 364–374.

Stolorow, R. D. & Atwood, G. E. (1992). *Context of Being: The Intersubjective Foundation of Psychological Life*. Hillsdale, NJ: Jason Aronson.

Stolorow, R. D. & Atwood, G. E. (1994). The myth of the isolated mind. In A. Goldberg (Ed.), *Progress in Self Psychology* (vol. 10, pp. 233–250). Hillsdale, NJ: Analytic Press.

Stolorow, R. D., Atwood, G. E. (1997). Deconstructing the myth of the neutral analyst: An alternative from intersubjective systems theory. *Psychoanalytic Quarterly*, **66**, 431–449.

Stolorow, R. D., Atwood, G. E., & Orange, D. E. (1999). Kohut and contextualism: Toward the post-Cartesian psychoanalytic theory. *Psychoanalytic Psychology*, **16**, 380–388.

Stolorow, R. D., Atwood, G., & Orange, D. (2002). *Worlds of Experience: Interweaving Philosophical and Clinical Dimensions in Psychoanalysis*. New York: Basic Books.

Stolorow, R. D., Brandchaft, B., & Atwood, G. E. (1987). *Psychoanalytic Treatment: An Intersubjective Approach*. Hillsdale, NJ: Analytic Press.

Stolorow, R. D. & Lachmann, F. M. (1980). *Psychoanalysis of Developmental Arrests: Theory and Treatment*. Connecticut: International Universities Press.

Strozier, C. B. (2001). *Heinz Kohut: The Making of a Psychoanalyst*. New York: Farrar, Straus & Giroux. 羽下大信・富樫公一・富樫真子（訳）(2011) ハインツ・コフート――その生涯と自己心理学. 金剛出版.

Suttie, I. D. (1935). *The Origins of Love and Hate*. New York: Agora Softback, 1966. 國分康孝・國分久子・細井八重子・吉田博子（訳）(2000) 愛憎の起源. 黎明書房.

Suttie, I. D. & Suttie, J. I. (1932). The mother: Agent or object? Part I. *British Journal of Medical Psychology*, **12**, 91-108.

Teicholz, J. G. (1999). *Kohut, Loewald, and the Postmoderns: A Comparative Study of Self and Relationship*. New York: Routledge.

Thelen, E. & Smith, L. B. (1994). *A Dynamic Systems Approach to the Development of Cognition and Action*. Cambridge, MA: MIT Press.

Togashi, K. (2006). The romantic fantasy and its vicissitudes: A self-psychological consideration of "hysterical fantasy" and eroticized transference. *International Forum of Psychoanalysis*, **17**(4), 240-248.

Togashi, K. (2009). A new dimension of twinship selfobject experience and transference. *International Journal of Psychoanalytic Self Psychology*, **4**(1), 21-39.

Togashi, K. (2011). Contemporary self psychology and cultural issues: "Self-place experience" in an Asian culture. In *Psychoanalytic Lecture Series: Self Psychology* (vol. 9, pp. 225-246). Taipei: Pro-Ed Publishing Company.

Togashi, K. (2012). Mutual finding of oneself and not-oneself in the other as a twinship experience. *International Journal of Psychoanalytic Self Psychology*, **7**(3), 352-368.

Togashi, K. (2014a). Is it a problem for us to say, "It is a coincidence that the patient does well"? *International Journal of Psychoanalytic Self Psychology*, **9**(2), 87-100.

Togashi, K. (2014b). From search for a reason to search for a meaning: Response to Margy Sperry. *International Journal of Psychoanalytic Self Psychology*, **9**(2), 108-114.

Togashi, K. (2014c). A sense of "being human" and twinship experience. *International Journal of Psychoanalytic Self Psychology*, **9**(4), 265-281.

Togashi, K. (2014d). Certain and uncertain aspects of a trauma: Response to Doris Brothers. *International Journal of Psychoanalytic Self Psychology*, **9**(4), 289-296.

Togashi, K. (2015). Trauma: Being thrown into the world without informed con-

sent. Paper presented at the 2015 Taiwan Self Psychology Conference, Taipei, Taiwan, December, 20, 2015.
Togashi, K. & Brothers (2015). Trauma research and self psychology: How 9/11 survivors integrate the irrationality of wide-scale trauma. Paper Presented at the 38th Annual IAPSP Conference Los Angeles, California, October 18, 2015.
Togashi, K. & Kottler, A. (2012a). "I am afraid of seeing your face" : Trauma and the dread of engaging in a twinship tie. Paper presented at the 10th Anniversary Conference of the International Association for Relational Psychoanalysis and Psychotherapy, New York, March 2012.
Togashi, K. & Kottler, A. (2012b). The many faces of twinship: From the psychology of the self to the psychology of being human. *International Journal of Psychoanalytic Self Psychology*, **7**(3), 331-351.
Togashi, K. & Kottler, A. (2013). Being human and not being human: The evolution of a twinship experience. Paper presented at the 36th Annual International Conference on the Psychology of the Self. Chicago, IL, October 2013.
Togashi, K. & Kottler, A. (2015). *Kohut's Twinship across Cultures: The Psychology of Being Human*. London & New York: Routledge.
富樫公一（2006）．「意地」の自己心理学的考察――蒼古的自己愛空想への執着と諦め．精神分析研究，**50**(4), 365-374.
富樫公一（2008）．二つの自己愛転移．心理臨床学研究，**26**(2), 230-240.
富樫公一（2009）．「覚悟」の自己心理学的考察――蒼古的自己愛空想からの脱錯覚過程．心理臨床学研究，**27**(4), 432-443.
富樫公一（2010）．精神分析のパラダイム・シフト．現代のエスプリ，516号，37-50.
富樫公一（2011a）．システム理論との違い．岡野憲一郎・吾妻 壮・富樫公一・横井公一（著）関係精神分析入門．岩崎学術出版社，pp. 133-153.
富樫公一（2011b）．関係精神分析と複雑系の理論．岡野憲一郎・吾妻 壮・富樫公一・横井公一（著）関係精神分析入門．岩崎学術出版社，pp. 173-196.
富樫公一（2011c）．蒼古的自己愛空想からの脱錯覚過程．風間書房．
富樫公一（2013a）．コフートの共感と関係性．富樫公一（編著）ポスト・コフートの精神分析システム理論．誠信書房，pp. 34-48.
富樫公一（2013b）．徹底した非線形システムの視点――コバーンの複雑系理論．富樫公一（編著）ポスト・コフートの精神分析システム理論．誠信書房，pp. 115-130.
Tolstoy, L. (1886). *The Death of Ivan Ilyich*. Penguin Red Classic edition, 2006. 米川正夫（訳）（1973）イワン・イリッチの死．岩波文庫．
Trevarthen, C. (1974). Conversations with a two-month-old. *New Scientist*, **62**, 230-235.
Trevarthen, C. (1983). Emotions in infancy: Regulators of contacts and relation-

ships with persons. In K. Scherer & P. Ekman (Eds.), *Approaches to Emotions*. Hillsdale, NJ: Lawrence Erlbaum Associates.

Trevarthen, C. (2005). First things first: Infants make good use of the sympathetic rhythm of imitation, without reason or language. *Journal of Child Psychotherapy*, **31**, 91-113.

Trevarthen, C. (2009). The intersubjective psychobiology of human meaning: Learning of culture depends on interest for co-operative practical work-and affection for the joyful art of good company. *Psychoanalytic Dialogues*, **19**, 507-518.

Tronick, E. Z. (1989). Emotions and emotional communication in infants. *American Psychologist*, **44**(2), 112-119.

Tronick, E. Z. (2002). A model of infant mood states and Sandarian affective waves. *Psychoanalytic Dialogues*, **12**, 73-99.

Tronick, E. Z. & Cohn, J. F. (1989). Infant-mother face-to-face interaction: Age and gender differences in coordination and the occurrence of miscoordination. *Child Development*, **60**, 85-92.

上田閑照 (2000). 私とは何か. 岩波新書.

Ulman, R. B. & Brothers, D. (1988). *The Shattered Self: A Psycho-Analytic Study of Trauma*. Hillsdale, NJ: Analytic Press.

Ulman, R. B. & Paul, H. (1990). The addictive personality disorder and "addictive trigger mechanism (ATMs): The self psychology of addiction and its treatment. In A. Goldberg (Ed.), *Progress in Self Psychology* (vol. 5, pp. 129-156). Hillsdale, NJ: Analytic Press.

Ulman, R. B. & Paul, H. (2006). *The Self Psychology of Addiction and Its Treatment: Narcissus in Wonderland*. New York: Routledge.

White, W. A. (1937). Review of The Origin of Love and Hate. *Psychoanalytic Review*, **24**, 458-460.

Winnicott, D. W. (1951). Transitional object and transitional phenomena. In (1958): *D. W. Winnicott, Collected Papers: Through Pediatrics to Psychoanalysis*. London: Tavistock, pp. 194-203.

Winnicott, D. W. (1971). *Playing and Reality*. London: Tavistock. 橋本雅雄訳 (1979) 遊ぶことと現実. 岩崎学術出版社.

Wolf, S. E. (1984). Self psychology and the Neuroses. *Annual of Psychoanalysis*, **12**, 57-68.